S. Frey

Die Macht des Bildes

Siegfried Frey

Die Macht des Bildes

Der Einfluß
der nonverbalen Kommunikation
auf Kultur und Politik

Verlag Hans Huber
Bern · Göttingen · Toronto · Seattle

Die Deutsche Bibliothek – CIP-Einheitsaufnahme

Frey, Siegfried:
Die Macht des Bildes : der Einfluß der nonverbalen Kommunikation
auf Kultur und Politik / Siegfried Frey. – 1. Aufl. – Bern ; Göttingen ;
Toronto ; Seattle : Huber, 1999
   (Aus dem Programm Huber: Psychologie-Sachbuch)
   ISBN 3-456-83088-2

Das Werk einschließlich aller seiner Teile ist urheberrechtlich
geschützt. Jede Verwertung außerhalb der engen Grenzen des Urheber-
rechtsgesetzes ist ohne Zustimmung des Verlages unzulässig und
strafbar. Das gilt insbesondere für Vervielfältigungen, Übersetzungen,
Mikroverfilmungen und die Einspeicherung und Verarbeitung in elektro-
nischen Systemen.

1., durchgesehener Nachdruck Januar 2000
1. Auflage September 1999
© 1999 Siegfried Frey und Verlag Hans Huber, Bern
Satz und Lithos: Jung Satzcentrum, Lahnau
Druck: Druckhaus Beltz, Hemsbach
Printed in Germany

Für William B. Macomber
und Winfried Schulz

Inhalt

7

8

Vorwort

Ein halbes Jahrtausend nach Gutenberg stehen wir am Vorabend einer Entwicklung, die man als visuelle Zeitenwende bezeichnen könnte. In der kurzen Zeitspanne, seit die Bilder laufen lernten haben sie – nicht zuletzt bedingt durch die explosionsartige Entwicklung des Fernsehens – eine Autorität über die Vorstellungskraft gewonnen, die das gedruckte Wort gestern hatte und das gesprochene davor. Der technologische Fortschritt im Bereich der Bewegtbildkommunikation wird diesen Trend so sehr verstärken, daß die Balance zwischen Auge und Ohr im Kommunikationsprozeß sich immer mehr in Richtung auf das Visuelle verschiebt.

Das vorliegende Buch geht den Konsequenzen nach, die aus dieser Entwicklung resultieren könnten. Die systematische Erforschung der Frage, was das Bild «im Auge des Betrachters» bewirkt, wurde überhaupt erst in jüngster Zeit in Angriff genommen. Dies obwohl unsere Kulturgeschichte geradezu überwältigende Belege dafür liefert, daß *homo loquens*, der sprechende Mensch, von einem Bild oft weit mehr beeindruckt wird, als von den sprichwörtlichen «tausend Worten». Eine zumindest dumpfe Ahnung von der Macht der Bilder hatten wohl schon diejenigen unserer steinzeitlichen Vorfahren, die die Höhlenwände ihrer Kultstätten mit Bildern bemalten, bzw. deren Bemalung veranlaßten. Und über die Jahrtausende hinweg bewiesen politische und religiöse Führer immer wieder ein feines Gespür dafür, daß an der Entstehung und Aufrechterhaltung unseres Weltbildes der visuelle Sinn ganz maßgeblich beteiligt ist. Die Pracht und Herrlichkeit der Paläste und Tempel, die sie bauen ließen, die prunkvolle Kleidung, in der sie sich der Öffentlichkeit präsentierten, die Gemälde und Statuen, die ihr Konterfei dem Volke überall vor Augen führten, trugen, spätestens seit der Zeit der Pharaonen, wohl genausoviel oder gar mehr zur Begründung und Sicherung des Führungsanspruches der jeweiligen Eliten bei, als das ideologische Konzept, das sie vertraten.

Innerhalb der Wissenschaftsgeschichte wurde die Frage, welchen Einfluß visuelle Stimuli auf unsere Meinungsbildung und auf unser Gefühlsleben ausüben, jedoch kaum je thematisiert. Dabei war man in den Humanwissenschaften keineswegs unempfindlich gegenüber visuellen Reizen. Im Gegenteil, die mit dem Auge wahrgenommenen Merkmale des menschlichen Erscheinungsbildes stellten für die scheinbar ganz dem *logos* verschriebene Wissenschaft seit altersher ein Faszinosum ersten Ranges dar. Doch das Denken auf diesem Gebiet stand über die Jahrhunderte hinweg ganz und gar im Dienste der *Ausdrucks*deutung. Es blieb dadurch auf die Frage fixiert, was das Äußere eines Menschen, seine Gestik, Mimik, Körperhaltung über sein Inneres aussage. Die Reaktionen, die diese Phänomene beim Gegenüber hervorrufen, gerieten auf diese Weise gar nicht erst ins Blickfeld der Forschung.

Schritte zur Erweiterung der engen Perspektive der Ausdrucksforschung sind verschiedentlich unternommen worden. Doch erst in den sechziger Jahren dieses Jahrhunderts begann schließlich, im Zuge der Etablierung der *nonverbalen* Kommunikationsforschung, die systematische Untersuchung der Mechanismen der visuellen *Eindrucks*bildung. Ich hatte das Privileg, die Arbeit der Pioniere auf diesem Gebiet aus erster Hand kennenzulernen sowie bei der Lösung einiger der theoretischen und methodischen Probleme des Forschungsgebiets mitzuwirken. Die vorliegende Arbeit versucht einen Überblick über die Erkenntnisfortschritte zu geben, die aus dieser Neuorientierung resultierten. Sie stellt die überarbeitete Fassung einer Vorlesungsreihe dar, die ich im Wintersemester 1996/97 als Gastprofessor der Universität Stuttgart im Rahmen des Alcatel SEL Stiftungskollegs gehalten habe.

Das Buch besteht aus vier Teilen. Der erste Teil (Kapitel 1 bis 4) skizziert die Entwicklungsgeschichte der humanwissenschaftlichen Kommunikationsforschung. Sie zeigt, daß weitsichtige Autoren die soziale Dimension des Visuellen schon früh erkannt haben und im Laufe der Jahrhunderte mehrmals erhebliche, letztlich aber wenig erfolgreiche Anstrengungen unternommen haben, die im Ausdrucksdenken gefangene Wissenschaft für die *Wirkungen* nonverbaler Stimuli zu sensibilisieren. Der zweite Teil (Kapitel 5 bis 7) beschreibt die aktuellen Arbeiten im Bereich der Kommunikationsforschung sowie die Bemühungen um die Konzeption eines «Alphabets der Körpersprache» – Entwicklungen, die in den achtziger Jahren die theoretische und methodische Neuorientierung der Wirkungsforschung in Gang brachten. Der dritte Teil (Kapitel 8) resümiert die Ergebnisse einer in Deutschland, Frankreich und den USA durchgeführten interkulturellen Untersuchung über die Medienwirkung von Politikern. Die Befunde machen deutlich, daß selbst ganz kurze Bewegtbildsequenzen, wie sie beispielsweise in den TV-Nachrichten aller Länder tagtäglich Verwendung finden, bei den Rezipienten kognitive und affektive Wirkungen hervorrufen, die deren Einstellung zu den abgebildeten Akteuren buchstäblich in Sekundenschnelle prägen. Der vierte Teil (Kapitel 9 bis 11) diskutiert auf der Grundlage dieser Forschungsergebnisse die Bedeutung, die der nonverbalen Komponente für das Verständnis der zwischenmenschlichen Verständigung zukommt und welche Konsequenzen sich daraus für die zukünftige Forschungsarbeit ergeben.

Die hier dargestellten Arbeiten wurden am Max-Planck-Institut für Psychiatrie in München begonnen, an der University of California, San Francisco sowie an der Universität Bern weitergeführt und an der Gerhard-Mercator-Universität Duisburg abgeschlossen. Zu großem Dank verpflichtet bin ich dem Schweizerischen Nationalfonds, Bern und der Deutschen Forschungsgemeinschaft, Bonn, deren langjährige, kontinuierliche Unterstützung die Realisierung dieser Arbeiten überhaupt erst möglich gemacht hat. Mein Dank gilt aber auch dem Foundations' Fund for Research in Psychiatry (FFRP), New Haven, Conn., dem Ministerium für Wissenschaft und Forschung des Landes Nordrhein-Westfalen sowie dem Rockefeller Center for the Social Sciences (RCSS), Hanover, N. H. für deren äußerst wertvolle Förderung spezieller Forschungsarbeiten.

Ganz besonderen Dank schulde ich Clemens Heller, dem Leiter des Maison des Sciences de l'Homme (MSH) in Paris, das mir im Verlaufe der letzten beiden Jahrzehnte für die Realisation meiner Forschungsarbeiten gewissermaßen zur zweiten Heimat wurde. Das MSH stellte auch die Infrastruktur für die Konzeption, Detailplanung und Durchführung der in Kapitel 8 resümierten, interkulturellen Rezeptionsstudie zur Verfügung. Es schuf so eine ausgezeichnete Basis für die Forschungskooperation mit meinen amerikanischen und französischen Kollegen, dem Nachrichtentechniker Jonny Andersen (University of Washington, Seattle), dem Psychologen Gabriel Argentin (Université de Paris VIII), dem Anthropologen Jean-Luc Lory (MSH, Paris), dem Politologen Roger Masters (Dartmouth College, Hanover, N. H.) und dem Sprachwissenschaftler Alfred Raveau (Université de Paris VIII).

Es ist mir eine besonders angenehme Pflicht an dieser Stelle all jenen Freunden, Mitarbeitern und Studenten zu danken, die durch ihre Ideen, kritischen Reflexionen und konkreten Beiträge dafür sorgten, daß die Auseinandersetzung mit der Frage nach den Effekten der nonverbalen Kommunikation für mich bis heute ein faszinierendes geistiges Abenteuer blieb. Den ersten und vielleicht nachhaltigsten Eindruck von der Wirkung nonverbaler Stimuli verdanke ich meinem Freund und Lehrer Mario von Cranach. Am Tage meines Stellenantritts als frischgebackener Diplompsychologe hatte er mir die Order gegeben, als offizieller Beobachter des Max-Planck-Instituts für Psychiatrie das soziale Geschehen während der beiden Konzerte zu verfolgen, die die Beatles an diesem Tag im Münchner Zirkus-Krone-Bau gaben. «Ein Beatles-Konzert», so entschuldigte Mario das Ansinnen, mir gleich am ersten Tag meines Berufslebens Überstunden zuzumuten, sei schließlich «für Sozialpsychologen das, was eine Sonnenfinsternis für Astronomen ist». Und damit ich unbehindert von Saalordnern und Polizei meiner Forschungsarbeit nachgehen konnte, hatte er mir eine Sondervollmacht beschafft, die es mir gestattete, den Ablauf der sozialen Eklipse aus jeder mir nützlich erscheinenden Perspektive vor, auf, oder hinter der Bühne zu verfolgen.

Die Musik allein, so dämmerte mir damals schon, konnte nicht der einzige Grund dafür sein, daß das Publikum bei jedem Auftritt der Gruppe buchstäblich außer sich geriet. Von denjenigen, die bei den Münchner Konzerten anwesend waren, hätte jedenfalls kaum einer sagen können, welche Stücke die Band überhaupt gespielt hatte. Denn allein schon der bloße Anblick der vier «Pilzköpfe» löste bei den Zuhörern einen derart ohrenbetäubenden Dauerlärm aus, daß man von der Musik selbst dann nichts hören konnte, wenn man sich (so wie ich) direkt oberhalb der Bühne befand. Wahrscheinlich hätten die Zuschauerreaktionen schon etwas mit den visuellen Reizen zu tun, die die Beatles verströmten, meinte auch Mario. Doch wie man solche Wirkungen aufdecken könnte, schien uns damals ein unlösbares methodisches Problem.

Daß das Problem keineswegs unüberwindlich sei, machte mir der Anthropologe und Informatiker Jeremy Pool klar, mit dem ich Anfang der siebziger Jahre in San Francisco zusammenarbeitete. Voraussetzung dafür sei allerdings, so meinte er, daß man einen Weg finde, auf dem sich die nonverbale Komponente des Kommunikationsverhaltens «nonsemantisch» verschriftlichen lasse, gerade so, wie dies das Alphabet für den verbalen Aspekt erlaube. Dieser Zielsetzung folgend bemühten wir uns um die Konzeption eines an der alphabetischen Sprachnotation orientierten Kodierungsverfahrens zur Beschreibung der natürlichen menschlichen Bewegung – ein Unternehmen, das Ende der siebziger Jahre mit der Entwicklung des «Berner Systems» seinen vorläufigen Abschluß fand.

Gutmeinende Beobachter hatten früh davor gewarnt, daß die von uns vorgeschlagene Kodierungsstrategie nicht nur die Gefahr beinhalte, in Arbeit auszuarten, sondern daß sie darüber hinaus eine derartige Flut von Daten generieren werde, daß wir am Ende darin ertrinken würden. Daß mir wenigstens das letztere Schicksal erspart blieb, verdanke ich vor allem Walid Daw, Hans–Ueli Fisch, Annemarie Florin, Mike Heller, Sam Hirsbrunner, Uli Jorns, Lilo Neis, und Georg Pepping, mit denen ich während meiner zwölfjährigen Tätigkeit in Bern an Problemen arbeitete, die sich bei der Auswertung komplexer Zeitreihenmatrizen stellen. Insbesondere Sam Hirsbrunner lehrte mich – Jahre bevor die ersten PCs in den Labors auftauchten –, wie man Mikropozessoren dazu nutzen kann, die aus Millionen Einzeldaten bestehenden Verhaltensprotokolle zu zwingen, ihr Geheimnis preiszugeben.

Es lag vor allem an den hervorragenden Arbeitsbedingungen, die die Gerhard–Mercator–Universität mit der Errichtung des *Laboratoriums für Interaktionsforschung* schuf, daß ich im Anschluß an meinen Wechsel nach Duisburg mit der Untersuchung der Wirkungen beginnen konnte, die nonverbale Stimuli bei den *Rezipienten* hervorrufen. Die Einsatzfreudigkeit, der Enthusiasmus und die schöpferische Phantasie meiner Mitarbeiter und Studenten brachte diese Arbeiten dann rasch voran. Insbesondere Thomas Averkamp, Dieter Bartoschak, Gary Bente, Catherine Darnaud, Jean–George Frenz, Guido Kempter, Carsten Möller, Phillip Parusel und Wolfgang Zysk haben den Gang der Dinge über Jahre hinweg wesentlich beeinflußt und geformt. Guido Kempters souveräne Beherrschung der Computertechnologie, sowie Dieter Bartoschaks unerschöpflicher Einfallsreichtum bei der Entwicklung und beim Bau technischer Gerätschaften machten es zudem möglich, neue Wege bei der psycho–physiologischen Responseforschung einzuschlagen sowie das Verfahren der *Skriptanimation* zu entwickeln, das für die Aufdeckung der Wirkmechanismen nonverbaler Kommunikation von ganz besonderer Bedeutung scheint.

Dem Neurochirurgen Werner Erwin Hassler sowie François "Capitaine" Darnaud und ihren Teams verdanke ich es, daß ich in jüngster Zeit tiefe Einblicke in die faszinierende – dem Nichtmediziner normalerweise streng verschlossene – Welt der Neuroanatomie nehmen und die Wunder des Zentralnervensystems in ihren Operationssälen aus eigener Anschauung kennenlernen konnte. Hiroko Nojiri und Axel Zerdick verhalfen mir zu vielen Einsichten in die interkulturelle Dimension des Nonverbalen, für die ich ihnen herzlich danke. Christoph Brockhaus, dem Direktor des Duisburger Lehmbruck Museums bin ich nicht nur dafür verbunden, daß er mich immer wieder an seinen faszinierenden Überlegungen über die Rolle der Kunst in der abendländischen Geschichte teilhaben ließ. Ich habe ihm auch dafür zu danken, daß er mir trotz meines respektlosen Umgangs mit der Mona Lisa die Freundschaft bisher nicht aufgekündigt hat.

Dieter Klumpp von der Alcatel SEL Stiftung, Stuttgart und Jean-Luc Lory vom Maison des Sciences de l'Homme – seit langem meine ständigen Gesprächspartner – danke ich für den wertvollen Rat, den sie mir bezüglich der Konzeption und inhaltlichen Schwerpunktsetzung der Vorlesungsreihe gaben, die zur Entstehung dieses Buches führte. Carsten Möller und Wolfgang Zysk schulde ich großen Dank für ihre kritische Lektüre des Manuskripts sowie für ihre zahlreichen Hinweise und Empfehlungen, durch die das Buch seine jetzige Struktur erhielt. Peter Stehlin und Peter E. Wüthrich vom Verlag Hans Huber danke ich, *last, but not least,* ganz herzlich für die ausgezeichnete verlegerische Betreuung, sowie für die große Sorgfalt, die Kreativität und die imponierende Urteilssicherheit, mit der sie schwierige Gestaltungsfragen lösten.

Wiesensteig, im Mai 1999 S. F.

14

Nichts setzt dem Fortgang
der Wissenschaft
mehr Hindernis entgegen,
als wenn man zu wissen glaubt,
was man noch nicht weiß.

G. Ch. Lichtenberg

I Einleitung

Es war, spätestens seit der Epoche der Aufklärung, der große Traum und das erklärte Ziel der abendländischen Kultur, das menschliche Individuum aus der geistigen Bevormundung durch andere zu befreien. Nicht durch besserwisserische Belehrung, ideologische Indoktrination oder gar bevormundende Weisung sollte der einzelne zu seiner Meinung gelangen, sondern durch eigene Informationssuche, eigene Informationsprüfung und eigenes Nachdenken. Daß sich der Mensch auf dem Wege in die ersehnte geistige Mündigkeit freilich selbst am meisten im Wege stand, daran hatten die großen Protagonisten der humanistischen Bewegung nie einen Zweifel gelassen. In seinem berühmten «Diskurs über die Methode, seinen Verstand richtig zu gebrauchen und die Wahrheit in den Wissenschaften zu finden» hatte als erster Descartes (1637) darauf aufmerksam gemacht, daß es gar nicht die Unwissenheit sei, die unserer geistigen Entwicklung enge Grenzen setze. Im Gegenteil, es seien vielmehr gerade die vielen Scheingewißheiten, die wir mit uns herumtragen, die das Haupthindernis für die Entfaltung des menschlichen Geistes darstellten, die vielen «kleinen runden Überzeugungen im Kopf» wie es, Jahrhunderte später, John Steinbeck einmal ausdrückte.

Lange Zeit schien es, als brauche man sich über die Herkunft der kleinen runden Überzeugungen, die unser Denken und Wahrnehmen zu Stereotypien erstarren lassen, keine großen Gedanken zu machen. Allein schon wegen der engen Reichweite des persönlichen Erfahrungshorizonts, so machte bereits der Schöpfer des Begriffs «Stereotyp», Walter Lippmann in seinem erstmals 1922 erschienenen Klassiker *Public Opinion* geltend, müsse sich der einzelne seine Ansichten und Meinungen zwangsläufig aufgrund von Informationen bilden, die ihm andere mitgeteilt haben. Jeder von uns lebe und arbeite bekanntlich auf einem ganz schmalen Teil der Erdoberfläche, bewege sich innerhalb eines kleinen Kreises von Personen, und von diesen Bekannten kenne er wiederum nur ganz wenige wirklich genau. Daher sei selbst den an der Gestaltung des öffentlichen Lebens direkt Beteiligten meist nur ein winziger Ausschnitt des relevanten Geschehens aus eigener Erfahrung zugänglich. Dessen ungeachtet tendierten wir nun aber alle dazu, Meinungen zu entwickeln, die sich über einen

17

weit größeren geographischen Raum, eine größere Zeitspanne, eine größere Anzahl von Dingen erstreckten, als für uns direkt übersehbar ist. Und so sei denn auch das meiste von dem, was wir als unsere ganz persönliche Meinung über die Welt erachten, in Wahrheit eben doch «nur zusammengestückelt aus dem, was uns andere darüber berichtet haben» (Lippmann, 1998:79).

Es hänge deshalb auch in erster Linie von der Qualität der uns von anderen zugänglich gemachten Information ab, wie realitätsgerecht unser eigenes Bild von der Wirklichkeit und wie fundiert unsere eigene Meinung dazu sei. Daß die modernen Massenmedien zu einer differenzierten individuellen Meinungsbildung im Sinne demokratischer Entscheidungsprozesse beitrügen, schien Lippmann höchst zweifelhaft. Zu einem Zeitpunkt, als mit der Einführung des Rundfunks das Medienzeitalter gerade heraufzudämmern begann, sprach er vielmehr die Befürchtung aus, daß die modernen Informations- und Kommunikationstechniken wohl eher der Erzeugung und Verbreitung von Vorurteilen Vorschub leisteten. Denn mit wachsender Leistungsfähigkeit der Massenmedien zur Informationsverbreitung erhöhe sich auch die Wahrscheinlichkeit, daß immer mehr Menschen ihre Information aus derselben Quelle und zur selben Zeit beziehen würden. Genau dies aber berge die Gefahr, daß die übermittelten Informationen eben nicht zum Entstehen einer differenzierten, vom persönlichen Urteil geprägten Meinung beitrügen, sondern im Gegenteil zu einer vereinfachten, schablonenhaften Sicht der Dinge verleiteten – zu einer Sicht eben, zu deren Kennzeichnung er den Begriff des «Stereotyps» prägte.

Diese Stereotype, so machte Lippmann geltend, bildeten nicht nur die Grundlage für unsere rationale Sicht der Dinge, sondern bestimmten auch unsere emotionale Einstellung gegenüber dem in Frage stehenden Sachverhalt. Denn im Zuge der gedanklichen Verarbeitung der vom Sender übermittelten Information bilde sich im Empfänger eine gefühlsmäßige Stellungnahme aus, die dessen emotionales Engagement für oder gegen eine bestimmte Position maßgeblich bestimme und so zu der für Vorurteile üblichen hohen Affektladung führe. Selbst das bekannte Faktum, daß ein einmal etabliertes Vorurteil durch gegenteilige Information nur schwer auflösbar ist, sei aus demselben Mechanismus erklärlich. Denn die in den Stereotypen verankerten Vorannahmen beeinflußten zutiefst den ganzen Prozeß der Wahrnehmung, «außer wenn uns die Erziehung speziell darauf aufmerksam gemacht hat» (Lippmann, 1998:90). Unter den verschiedenen Faktoren, die auf die öffentliche Meinungsbildung einwirken, komme daher der Stereotypenbildung eine geradezu überragende Bedeutung zu: «Die subtilsten und durchdringendsten Einflüsse sind jene, die das Repertoire der Stereotype schaffen und aufrechterhalten» (Lippmann, 1998:89).

2 Wort und Bild als Wirkfaktoren der Stereotypenbildung

Unter den Wirkgrößen, die an der Entstehung und Aufrechterhaltung der Stereotype maßgeblich beteiligt sind, stach Lippmann die visuelle Komponente der Informationsaufbereitung ganz besonders ins Auge. Wann immer es in der Menschheitsgeschichte um die Verbreitung und Durchsetzung einheitlicher politischer oder religiöser Vorstellungen ging – also um die Standardisierung der «Bilder in unserem Kopf», wie Lippmann die Stereotype oft nannte –, spielten, so schien es ihm, die visuellen Stimuli in Form von Gemälden, Statuen, Architektur, prunkvoller Kleidung etc. stets eine prominente Rolle. Dabei habe sich in früheren Zeiten die Konfrontation mit visueller Stimulation sogar noch in verhältnismäßig engen Grenzen gehalten:

> Wenn ein Florentiner die Heiligen sehen wollte, so konnte er in die Kirche gehen, wo er vielleicht eine Vision von Heiligen sehen konnte, die Giotto für seine Zeit standardisiert hatte. Wenn ein Athener seine Götter sehen wollte, ging er in den Tempel. Aber die Anzahl der Objekte, die bildlich dargestellt wurden, war nicht sehr groß. Und im Osten, wo der Geist des zweiten Gebots weithin akzeptiert wurde, war die Portraitierung konkreter Dinge sogar noch dürftiger (Lippmann, 1998:91).

Mit dem technologischen Fortschritt sei in dieser Hinsicht jedoch ein entscheidender Wandel eingetreten, der die Balance zwischen der relativen Bedeutung von Auge und Ohr im Kommunikationsprozeß völlig verschoben habe. «Photographien», so befand Lippmann im Jahre 1922, «haben heute eine Autorität über die Vorstellungskraft gewonnen, die das gedruckte Wort gestern hatte und das gesprochene Wort davor» (Lippmann, 1998:92). Mit der Erfindung der Bewegtbildkamera sei darüber hinaus eine Technik entstanden, deren Leistungsfähigkeit als Visualisierungshilfe in der ganzen Entwicklungsgeschichte der Menschheit ohne Beispiel sei. Und es sei eben gerade das Bewegtbild, das der unreflektierten, stereotypisierenden Art der Informationsverarbeitung Vorschub leiste, indem es wie kein anderes Kommunikationsmedium den Rezipienten zu geistiger Passivität verleite:

> Sie sind die müheloseste geistige Speise, die man sich vorstellen kann. Jede Beschreibung in Worten, ja sogar jedes unbewegte Bild verlangt eine Anstrengung unseres Gedächtnisses, bevor ein Abbild in unserem Kopf entsteht. Aber auf der

21

Leinwand wird der ganze Vorgang des Beobachtens, Beschreibens, Berichtens und schließlich des Vorstellens für uns erledigt. Ohne mehr Mühe aufwenden zu müssen, als nötig ist, um wach zu bleiben, wird einem das Ergebnis, das die Vorstellungskraft immer erst herzustellen bemüht ist, auf der Leinwand abgespult (Lippmann, 1998:92).

Dementsprechend sei zu erwarten, daß mit zunehmendem Einsatz von Bewegtbildern als Medium des Kommunikationsprozesses der Rezipient immer weniger auf den verbalen Anteil der Information achte. Denn es könne «kaum ein Zweifel daran bestehen, daß Bewegtbilder in stetiger Weise eine Vorstellungswelt aufbauen, die dann von den Worten, die die Menschen in ihren Zeitungen lesen, wieder wachgerufen werden» (Lippmann, 1998:91).

Die These, wonach «die Bilder in den Köpfen» sozusagen «Öffentliche Meinung in Großbuchstaben» (Lippmann, 1998:29) darstellen, fand insbesondere in den USA weithin spontane Zustimmung. Schon zu Beginn des Jahrhunderts hatte dort der Soziologe Charles Cooley die Meinung vertreten, die Vorstellungen, die Menschen voneinander haben, seien «die **harten Fakten** der Gesellschaft, und diese zu erfassen und zu interpretieren muß ein Hauptziel der Soziologie sein» (Cooley, 1902:87, Hervorhebung im Original). Denn die in den Köpfen der Menschen verankerten Klischeevorstellungen dienten ihnen zwangsläufig als unmittelbare Leitlinie für das eigene Handeln. In ihnen konstituiere sich somit eine Art *sozialer Realität,* die man kennen müsse, wenn man das Handeln der Menschen richtig verstehen wolle.

Die von Lippmann propagierte Vorstellung, daß Stereotype nicht nur das Handeln der Individuen steuere, sondern auch die innere, affektive Einstellung der Menschen zueinander präge, mußte der Forschungsarbeit auf diesem Gebiet zusätzlich Auftrieb geben. Dies ganz besonders in einem Einwanderungsland wie den USA, das damals vor der drängenden Aufgabe stand, eine Vielzahl von Personen unterschiedlicher ethnischer Herkunft in die Gesellschaft zu integrieren. Die Veröffentlichung von *Public Opinion* stimulierte denn dort auch eine Phase intensiver Forschungsaktivität, an der in den zwanziger und dreißiger Jahren so bedeutende Persönlichkeiten wie Bogardus (1925, 1928), Guilford (1931), Katz and Braly (1933, 1935), Lapiere (1928), Sherif (1935) und Thurstone (1928, 1931) beteiligt waren. Im Zuge dieser regen Auseinandersetzung mit der Thematik der Vorurteilsbildung wurde der Terminus «Stereotyp» bald schon in einem Atemzug mit dem Begriff Vorurteil genannt. Im Laufe der Zeit verdrängte er diesen sogar mehr und mehr aus der wissenschaftlichen Literatur und ging schließlich auch noch in den Sprachgebrauch der Allgemeinheit ein.

2.1 Verbale Konditionierung als Basis der Stereotypenbildung

Lippmanns so eindringlich formulierter Hinweis, daß am Zustandekommen der «Bilder in unserem Kopf» der visuelle Sinn ganz maßgeblich beteiligt sei, stieß in der Wissenschaft allerdings lange Zeit auf taube Ohren. Dies obwohl schon die ersten empirischen Versuche, den Ursachen der Stereotype auf die Spur zu kommen, deutliche Hinweise dafür erbrachten, daß der visuelle Eindruck in erheblichem Maße zur Vorurteilsbildung beitragen kann. So veröffentlichte etwa Bogardus, drei Jahre nach dem Erscheinen von *Public Opinion*, die Ergebnisse einer großen empirischen Studie, in der er 248 amerikanische Studenten u. a. nach den Gründen für ihre zum Teil sehr ausgeprägte Antipathie gegenüber bestimmten ethnischen Gruppen (die damals als «Rassen» gesehen wurden) befragt hatte. Unter den von den Versuchspersonen genannten Gründen bezogen sich so viele auf Merkmale des äußeren Erscheinungsbildes sowie auf die nichtverbalen Aspekte der Sprache (Klang, Rhythmus), daß Bogardus sich veranlaßt sah, dafür eine eigene Ursachenkategorie zu eröffnen, die er mit der Bezeichnung «Sensorische Impressionen» umschrieb. Als charakteristisches Beispiel für Antworten, die sich in dieser Kategorie fanden, gibt er die Aussage einer Versuchsperson, die ihre Einstellung gegenüber den Deutschen – damals ein beliebtes Sujet der Vorurteilsforschung – mit den drastischen, im Zeitalter der *political correctness* kaum noch denkbaren, Worten begründete:

I don't like them (Germans) because two-thirds of them are square-headed, pigheaded – and fat too. They try to domineer and cow their wives. I don't like their voices – thick and gutteral – nor their avoirdupois (Bogardus, 1925:223).

Auch die ebenfalls schon in den zwanziger Jahren einsetzenden, gezielten experimentellen Untersuchungen über die Wirkungen von Spielfilmen erbrachten deutliche Hinweise auf die Macht der Bilder. So zeigte sich beispielsweise in einem Experiment, das Peterson und Thurstone im Jahre 1930 mit insgesamt 133 Kindern einer *High School* in einer ländlichen Gegend von Illinois durchführten, daß die bloße

Vorführung eines bestimmten Films genügte, um die Einstellung amerikanischer Kinder gegenüber den Angehörigen anderer Nationalitäten in signifikanter Weise zu verändern. Auf der Grundlage der aus diesen und anderen Untersuchungen gewonnenen Erkenntnissen über den potentiellen Einfluß, den die visuelle Dimension der Kommunikation auf die Urteilsbildung der Betrachter ausübt, kamen diese Autoren zu dem Schluß:

> Diese Studie, in Verbindung mit verschiedenen weiteren von derselben Art mit anderen Filmen, zeigt ganz schlüssig, daß die sozialen Einstellungen von Kindern durch Bewegtbildfilme in meßbarer Weise beeinflußt werden und daß auf internationaler Ebene Einstellungen durch Filme beeinflußt werden können (Peterson and Thurstone, 1932:246).

Im weiteren Verlauf der Forschungsarbeit fanden derartige Ergebnisse allerdings nur noch wenig Beachtung. In den Mittelpunkt des Forschungsinteresses rückte statt dessen immer mehr die Frage nach dem Einfluß, den die verbal oder schriftlich kommunizierte Information auf die Entstehung und Aufrechterhaltung von Stereotypen ausübt. Die Überzeugung, daß Vorurteile im wesentlichen auf dem Wege über die verbale Konditionierung mit Information aus zweiter Hand zurückzuführen seien, war bereits Mitte der dreißiger Jahre so dominierend, daß die Untersuchung des Einflusses der visuellen Komponente der Informationsübermittlung immer mehr zum Erliegen kam. Als Katz and Braly (1935) dann in einem richtungsweisenden, den weiteren Gang der Forschung maßgeblich beeinflussenden Aufsatz ein Fazit der damals vorliegenden Erkenntnisse über die an der Stereotypenbildung beteiligten Faktoren zogen, ließen sie bei der Besprechung der von Bogardus genannten Ursachen dessen Kategorie der «Sensorischen Impression» sogar völlig außer Betracht (vgl. Katz and Braly, 1935:180).

Daß die Stereotypenforschung sich in der ersten Hälfte des Jahrhunderts ganz auf die verbale Kommunikation konzentrierte, ist vielleicht verständlich, wenn man bedenkt, daß die Fortschritte in der Kommunikationstechnologie, die das 19. und das frühe 20. Jahrhundert gebracht hatten, vor allem den Informationsaustausch auf verbalem und schriftlichem Wege begünstigt hatten. Die Erfindung von Telegrafie, Telefon und Rundfunk sowie die um die Jahrhundertwende beginnende Verbreitung der Massenpresse sicherten dem verbalen Kanal nämlich nicht nur das Primat als Informationsmedium, das ihm Gutenberg verschafft hatte, sondern weiteten es sogar noch erheblich aus. Denn trotz der Erfindung von Fotografie und Film blieb der Umgang mit der visuellen Komponente des Kommunikationsverhaltens zumindest für die Zwecke der Massenkommunikation ein so sprödes, schwer zu handhabendes Medium, daß die Nachrichtenübermittlung, ungeachtet des in der Bevölkerung fraglos vorhandenen Interesses an visualisierter Information, noch bis zur Mitte des Jahrhunderts fast ausschließlich auf verbalem Wege, über die Printmedien und den Rundfunk, abgewickelt wurde.

3 Die visuelle Zeitenwende

Mit dem Beginn der flächendeckenden Einführung des Fernsehens Anfang der fünfziger Jahre hätte nun allerdings eine Neuorientierung der Arbeit im Bereich der Stereotypenforschung einsetzen können. Die stürmische Entwicklung, die die TV-Technologie innerhalb weniger Jahre insbesondere in den USA genommen hatte, ließ zu diesem Zeitpunkt kaum noch Zweifel daran, daß sich das neue Medium zum dominierenden Instrument der Massenkommunikation entwickeln würde. Fast schockartig war in den vierziger Jahren den für die Medienpolitik in den USA zuständigen Gremien die Faszination bewußt geworden, mit der das neue Medium die Öffentlichkeit in Bann schlug. Innerhalb kürzester Zeit waren dort 108 TV-Stationen entstanden und hunderte weiterer Anträge auf Genehmigung waren eingereicht worden. Um diese, für alle Beteiligten überraschende Entwicklung nicht völlig aus dem Ruder laufen zu lassen, sprach die *Federal Communications Commission (FCC)* im Sommer 1948, gewissermaßen als Sofortmaßnahme, einen totalen Bann für die Vergabe neuer Sendelizenzen aus.

Bereits zu diesem Zeitpunkt war kaum noch zu übersehen, daß – ein halbes Jahrtausend nach der Erfindung des Buchdrucks – eine visuelle Zeitenwende bevorstand, in deren Folge sich die Balance zwischen Auge und Ohr im Kommunikationsprozeß völlig verschieben würde. Durch das Einfrieren der Lizenzvergabe auf unbestimmte Zeit wollte die FCC die Voraussetzungen dafür schaffen, um zu einer, wie es der Kommissionsvorsitzende Wayne Coy formulierte, «umfassenden Abklärung» (Coy, 1950:278) der technologischen und gesellschaftlichen Konsequenzen zu gelangen, die die explosionsartige Verbreitung der TV-Technologie nach sich ziehen würde. Dieser Bann, der die Hälfte der US-Bevölkerung von der Möglichkeit des Fernsehempfangs total ausschloß (Barton, 1953:20), blieb, ungeachtet des massiven Drängens sowohl industrieller Kreise als auch weiter Teile der Öffentlichkeit, ihn möglichst rasch aufzuheben, fast vier Jahre in Kraft. Während dieser Zeit veranstaltete die Kommission eine Vielzahl von Experten-Hearings mit dem Ziel, den Implikationen nachzugehen, die aus dem kometenhaften Aufstieg des neuen visuellen Mediums resultieren würden. Im Rahmen dieser außerordentlich zeitaufwendigen, ins Detail gehenden Expertenanhörungen hatten sowohl die mit der Entwicklung der Nachrichtentechnik befaßten Ingenieure als auch die führenden Bildungs- und Erziehungswissenschaftler ausgiebig Gelegenheit, relevante Befunde, Vorstellungen und Erkenntnisse ihrer Disziplinen in die Beratungen einzubringen.

3.1 «...wir werden da sein, jeden Morgen»

Noch während diese Expertenanhörungen stattfanden, setzte sich in all jenen Landesteilen, in denen ein Fernsehempfang möglich war, der Aufstieg der neuen Technologie in geradezu atemberaubendem Tempo fort. Ungeachtet der für die damaligen Verhältnisse exzessiv hohen Anschaffungskosten für Fernsehempfänger[1] und ungeachtet der allseits beklagten, höchst dürftigen Bildqualität, setzte schon kurz nachdem die ersten Geräte in den Schaufenstern aufgetaucht waren, der Ansturm der Käufer ein. Waren zu Beginn des Jahres 1947 in den USA insgesamt nur rund 8000 Fernseher in Betrieb (Starch & Barton, 1948:22), so betrug zu dem Zeitpunkt, zu dem die FCC ihren Bann zur Einrichtung weiterer TV-Stationen aussprach, die Jahresproduktion bereits 800 000 Geräte, wobei das Angebot die Nachfrage noch nicht einmal annähernd befriedigen konnte (Beers, 1949:692). Als die FCC dann nach weiteren drei Jahren schließlich grünes Licht für die flächendeckende Einführung der TV-Technologie gab, waren, wie die akribisch recherchierten Zahlen der amerikanischen Werbeindustrie zeigten, in den USA bereits 19 124 900 Empfangsapparate in Betrieb (Barton, 1953:20).

In einem beispiellosen Siegeszug hatte das neue visuelle Medium somit überall, wo es empfangen werden konnte, quasi über Nacht die Wohnzimmer erobert. Und dort entfaltete es eine Wirkung, die alle am Geschehen Beteiligten gleichermaßen verblüffte: die Journalisten, die die Programme erstellten, die Werbewirtschaft, die sie finanzierte, und die Zuschauer, die sie betrachteten. Als beispielsweise der Sender NBC Anfang 1952 den Versuch unternahm, bereits am frühen Morgen um 7 Uhr eine durch Werbung finanzierte Nachrichtensendung mit dem Titel *Today* zu plazieren, fand er nicht nur problemlos eine ge-

---

1 Im Jahre 1949 betrug der durchschnittliche Preis eines Gerätes 375 Dollar (Beers, 1949:692). Bei einem damaligen Wechselkurs von DM 4,20 zu einem Dollar lagen die Anschaffungskosten somit in einer Höhe von DM 1575.

nügend große Anzahl von Zuschauern, um seine Sponsoren zufriedenzustellen. Wie NBC seinen Kunden aus der Werbebranche in einer als Sensationsmeldung aufgemachten Anzeige in *The Billboard,* der führenden Wochenzeitschrift der Unterhaltungsindustrie, verkündete, erhielt der die Sendung moderierende *Anchorman* Dave Garroway, ein TV-Star der ersten Stunde, sogar «Tausende von Zuschriften, die zeigen, daß Menschen buchstäblich ihre Lebensgewohnheiten ändern, um *Today* zu sehen» (The Billboard, 9. Febr. 1952:8).

Die zum Beleg des noch nie dagewesenen Phänomens in der NBC-Anzeige abgedruckten Zuschriften gaben deutlich zu erkennen, daß die Zuschauer selbst völlig entgeistert zur Kenntnis genommen hatten, wie sehr sie von dem neuen visuellen Medium gepackt wurden. Eine junge Frau schrieb «so flog ich zum Fernseher und kleidete mich ... man muß sich das mal vorstellen, im Wohnzimmer an». Eine andere erlebte sich als «am Fernseher festgeklebt – während ich den Kaffee auf dem Fußboden trinke ...». Eine dritte teilte mit, «Erfreue mich der Nachrichten aus erster Hand – vernachlässige die Wäsche! Es ist es wert ...». Ein junger Mann versicherte, die TV-Nachrichten seien für ihn «der angenehmste und interessanteste ‹Aufwecker›, den ich je gesehen habe». Und selbst betagte Zeitgenossen waren, wie aus den Zuschriften hervorging, wegen der bebilderten Nachrichtensendungen bereit, ihren Tagesablauf im hohen Alter nochmals umzuorganisieren: «wir sind zwei alte Leute, 74 Jahre ... die Verwalter auf einer Farm ... wir werden da sein, jeden Morgen». Seinen Kunden aus der Werbebranche gab NBC denn auch den dringenden Rat, Werbespots schon morgens in den 7-Uhr-Nachrichten zu plazieren, «wo sie von der ganzen Familie gesehen werden, <u>bevor</u> der Einkaufstag beginnt» (The Billboard, 9. Febr. 1952:9; Auslassungen und Unterstreichung im Original).

Bei den amerikanischen Werbeagenturen war die Botschaft von der Macht des Bildes zu diesem Zeitpunkt allerdings längst angekommen. Dabei war die Haltung der Werbefachleute dem neuen Medium gegenüber anfangs durchaus skeptisch. Noch Ende des Jahres 1950 hatte *Billboard* auf der Titelseite die Meldung verbreitet, die großen Werbeagenturen seien im Begriff, sich aus der Fernsehwerbung völlig zurückzuziehen, da der Bann der FCC den Sponsoren die Freude am Geschäft gründlich verdorben habe: «Das scheinbar ewigwährende Einfrieren führte zu so vielen Mißbräuchen, daß die Werber beginnen das Gefühl zu haben, daß das Risiko und die Plage zu groß sind» (The Billboard, 4. Nov. 1950:1).

Noch bevor die FCC den Bann zur Errichtung neuer TV-Stationen im September 1952 schließlich aufhob und die landesweite Einführung des Fernsehens verfügte, hatte in der Werbewirtschaft allerdings ein völliges Umdenken eingesetzt. Die Agenturen waren zu diesem Zeitpunkt sogar schon bereit zu akzeptieren, daß die Preise für Werbezeiten im Fernsehen «bedeutend über denen der Radiosender lagen, trotz der Tatsache, daß das vom Fernsehen erreichte Publikum nur ein Viertel dessen betrug, das mit Radiowerbung erreicht wurde» (Starch and Barton, 1951:20).

Bewirkt wurde dieser Sinneswandel durch die in intensiven Marktrecherchen gewonnene, zwingende Erkenntnis, daß das Fernsehen einen wesentlich stärkeren Kaufimpuls auslöst, als dies bei den tradierten Werbemedien der Fall war. Auch *Billboard* hat diesen Meinungsumschwung rasch registriert. In einem Anfang 1952 erschienenen Leitartikel berichtete das führende Händlermagazin, bei den großen Werbeagenturen Amerikas habe sich inzwischen die Ansicht durchgesetzt, das Fernsehen sei «ein wunderbares Medium für die Werbung, mit einer dramatischen Wirkung im Hinblick auf den Verkauf von Produkten». Ja, in Anbetracht von immer mehr Studien, in denen «die wahre Durchschlagskraft des Fernsehens auf einer Dollar-und-Cent-produzierenden Basis ermittelt worden ist», lasse sich mittlerweile kaum noch daran zweifeln, daß «das Fernsehen das größte Werbemedium aller Zeiten ist» (alle Zitate: The Billboard, 5. Jan. 1952:3).

Aber nicht nur die für die Werbespots Zuständigen, auch die für den eigentlichen Inhalt der Fernsehsendungen verantwortlichen Redakteure wußten über erstaunliche Effekte zu berichten, die das visuelle Medium allein dadurch auslöste, daß es der Botschaft, die zuvor mündlich oder schriftlich übermittelt wurde, eine visuelle Komponente hinzufügte und so die verbale Kommunikation um die «nonverbale» erweiterte. Es sei manchmal geradezu irritierend zu erleben, «wie ernst das Fernsehpublikum die politischen Sendungen nimmt», so zitierte beispielsweise im Juni 1952 die altehrwürdige, 1872 gegründete Monatszeitschrift *The Popular Science Monthly* einen der führenden politischen Fernsehberichterstatter der USA, den NBC-Redakteur William McAndrew. McAndrew, der gerade im Begriff war, Fernsehgeschichte zu schreiben, indem er für seinen Sender NBC in Chicago die erste umfassende Live-Übertragung von der Wahl der Präsidentschaftskandidaten der republikanischen und der demokratischen Partei organisierte, gab seinem Kollegen vom Printmedium *Popular Science Monthly* eine anschauliche Lektion darüber, wie sehr die Bewegtbildpräsentation eines Politikers die Fernsehzuschauer innerlich zu bewegen vermag. Einmal habe er, so diktierte er ihm ins Protokoll, «in Washington den Senator Kefauver, auf dessen Bitte hin, vom Bildschirm geworfen. Die Reaktion könnte einem das Fürchten lehren ... wir bekamen 350 Telefonanrufe innerhalb von fünf Minuten» (Soule, 1952:141). Hinsichtlich der Frage, was von der von ihm organisierten 60stündigen Live-Übertragung der Kandidatenkür für das höchste politische Amt der Vereinigten Staaten zu halten sei, hatte McAndrew denn auch eine klare Meinung. Acht Jahre, bevor das Fernsehen mit der Ausstrahlung der epochemachenden Kennedy-Nixon-Debatte erstmals die Weichen für den Ausgang der amerikanischen Präsidentschaftswahlen stellen würde, bekundete der Reporter: «Ich denke nicht, daß die Politiker realisieren, daß sie mit Dynamit spielen... Aber das ist genau das, was sie tun» (Soule, 1952:141).

3.2 Zweihundertzweiundvierzig Fernsehsender für Bildung und Erziehung

Die fast hypnotische Macht des Bildes, die in derartigen, teilweise fast schon kurios anmutenden Zuschauerreaktionen zum Ausdruck kam, stellte freilich nicht nur die mit dem neuen Medium konfrontierten Produzenten und Rezipienten vor ein Rätsel. Auch die Wissenschaft wußte dafür keine Erklärung anzubieten. Die Frage, was das Bild «im Auge des Betrachters» bewirkt, hatte man sich in den Humanwissenschaften bis dahin noch gar nicht wirklich gestellt. Zu dem Zeitpunkt, zu dem die *Federal Communications Commission* vor der Aufgabe stand, weitreichende ordnungspolitische Grundsatzentscheidungen im Hinblick auf das heraufdämmernde Medienzeitalter zu treffen, war man, wie *Popular Science* richtig erkannt hatte, sich in Expertenkreisen weithin darüber einig, das «Fernsehen könne zu einem der bedeutendsten Hilfsmittel der Selbst-Regierung avancieren, das jemals entwickelt worden ist». Dies einfach deshalb, weil es «den besonderen Kniff heraus» habe, «sowohl die guten als auch die schlechten Eigenschaften eines Politikers zu zeigen. Kurzum, TV wird die Kandidaten zeigen, wie sie wirklich sind». Aufgrund der dadurch erstmals möglichen, intimen Bekanntschaft einer interessierten Öffentlichkeit mit der *Person* der Kandidaten, so stellte die Zeitschrift resümierend fest, sei nach übereinstimmender Auffassung «vieler Experten ... ein mehr durchdachtes Wahlverhalten und eine bessere Auswahl politischer Funktionsträger» zu erwarten (alle Zitate: Soule, 1952:141).

Angesichts derartiger Vorstellungen ist es nicht überraschend, daß die von der FCC geladenen führenden Repräsentanten der Geistes- und Sozialwissenschaften gar nicht erst zur Debatte stellten, woher das anscheinend unersättliche Interesse an visueller Stimulation rührt, dem das Fernsehen seinen Höhenflug verdankte. Sie sahen auch keinen Grund, die Diskussion auf die Frage zu lenken, worauf sich die Faszination des Medium gründet, welche individuellen Bedürfnisse es befriedigt und welche sozialen Funktionen es erfüllt. Offenbar in dem festen Glauben, das Hinzutreten des Bildes zum Wort stelle für die Bürger eine enorme Bereicherung dar, die deren Urteilsfähigkeit wesentlich verbessere und ihnen zu einer zuvor nie gekannten geistigen Autonomie verhelfe, richteten die Humanwissenschaftler, wie aus den Jahresberichten der FCC hervorgeht, ihre Bemühungen vor allem darauf, sicherzustellen, daß das Fernsehen ein ausreichend großes Angebot an bildungsrelevanten Inhalten in seine Programme aufnehme (Coy, 1951:283).

Mit diesem Anliegen stießen sie in der Kommission keineswegs auf taube Ohren. Als der Bann zur Errichtung neuer TV-Stationen schließlich aufgehoben und für sämtliche Gebiete der USA die umfassende Einführung der Fernsehtechnologie verfügt wurde, reservierte die *Federal Communications Commission,* durchaus gegen den Widerstand kommerzieller Nutzungsinteressen, 242 von insgesamt 2053 neuen TV-Stationen für Bildungszwecke. Bedenkt man, daß bis zur Aufhebung des Banns in den USA überhaupt nur 108 Sender in Betrieb waren, so mußte diese Entscheidung – speziell vor dem Hintergrund der Einlassungen der Bildungsexperten – geradezu als eine bildungspolitische Glanztat erscheinen. In einem Bericht über die von seiner Behörde getroffene Verfügung hob der damalige Kommissionspräsident, Paul A. Walker, denn auch ausdrücklich hervor:

> Ein wichtiger Teil des neuen Systems war die Reservierung von 242 Kanälen in derselben Anzahl von Städten für die Nutzung durch Erziehungsinstitutionen. Mindestens eine solche Zuweisung wurde jedem Staat der Vereinigten Staaten erteilt und mehreren Staaten wurde eine Anzahl von Kanälen zugewiesen, die ausreicht, um ein landesweites Bildungsnetzwerk zu etablieren. Die Reservation dieser 242 Zuweisungen stützt sich auf die Vorstellungen, die der Kommission hinsichtlich des Bildungspotentials des Fernsehens von führenden Erziehungswissenschaftlern vorgetragen wurden (Walker, 1953:273).

4 Der enge Blickwinkel der Ausdruckskunde

Aus der Distanz von einem halben Jahrhundert, in dessen Verlauf die damals so begrüßenswert erscheinende Visualisierung des Informationstransfers geradezu explosionsartig zunahm, die Bildungsexplosion aber ausblieb, muß man sich fragen, wie es dazu kam, daß die führenden Bildungswissenschaftler der Zeit praktisch unisono an ein überwältigendes «Bildungspotential des Fernsehens» glauben konnten. Einer der Gründe für das Zustandekommen dieser überaus folgenreichen Fehleinschätzung liegt fraglos in dem damals auch in den USA schon weit verbreiteten «Mandarinentum», das, wie der amerikanische Historiker Fritz K. Ringer (1969, 1983) in seiner meisterhaften Analyse darlegte, bereits den Niedergang der Geistes- und Sozialwissenschaften in Deutschland herbeigeführt hatte. Ein mindestens ebenso wichtiger Grund für die Schwierigkeit, jene Dimension des Visuellen zu sehen, auf die der sonst so einflußreiche Publizist Lippmann hingewiesen hatte, lag freilich in einer geistesgeschichtlichen Tradition, die es über mehr als zwei Jahrtausende hinweg nicht geschafft hatte, sich von der Suggestivkraft des Visuellen zu befreien.

Speziell die Psychologie, die wie keine andere Disziplin in die Erforschung nonverbaler Verhaltensphänomene investiert hatte, war noch bis weit ins 20. Jahrhundert hinein – nicht anders als der Laie – von der uralten, buchstäblich in die vorgeschichtliche Zeit zurückreichenden Vorstellung beherrscht, die statischen und dynamischen Merkmale des menschlichen Erscheinungsbildes seien sozusagen ein «Spiegel der Seele», die äußere Bewegung quasi ein Reflex der inneren Bewegung. Wem es gelänge, den Schlüssel zu dieser «Körpersprache» zu finden, so hatte schon Aristoteles in seinem Werk *Physiognomonika* versichert, für den sei der Mensch ein offenes Buch. Daten, die auf eine den menschlichen Verstand betörende Suggestivkraft der Bilder hindeuteten, waren in einem derartigen Gedankengebäude schlechterdings nicht unterzubringen. Die Umsetzung von Lippmanns Konzept in die Praxis der Medienwirkungsforschung hätte vielmehr eine völlige Kehrtwendung im Verständnis der sogenannten «Ausdrucksphänomene» verlangt: Man kann nicht gut danach fragen, welche Rolle Mimik und Gestik für die Vorurteilsbildung spielen, solange man glaubt, in diesen Phänomenen den Königsweg zum

Verständnis der dem Auge verborgenen, inneren psychischen Gegebenheiten seines Gegenübers zu erblicken.

Die Überzeugung, daß das Studium des äußeren Erscheinungsbilds den Zugang zum «wahren Ich» des Menschen eröffne, hatte in wissenschaftshistorischer Hinsicht zur Folge, daß die Untersuchung nonverbaler Verhaltenselemente über die Jahrhunderte hinweg ganz und gar im Dienste der *Psychodiagnostik* stand: Immer wieder, und mit einer geradezu an Obsession grenzenden Einseitigkeit der Betrachtung, wurde der Frage nachgegangen, was man aus dem Äußeren eines Menschen, aus seinen Gesichtszügen, seiner Mimik, seiner Gestik, seiner Körperhaltung, über seine innere charakterliche und emotionale Verfassung in Erfahrung bringen könne.

Die Frage, was diese Phänomene im Auge des Betrachters bedeuten, geriet auf diese Weise gar nicht erst ins Blickfeld der Forschung. Und obwohl das unablässige Bemühen der Ausdruckspsychologen um die psychodiagnostische Verwertung nonverbaler Verhaltensphänomene seit Aristoteles buchstäblich nicht vom Fleck gekommen war, blieben die meisten Untersucher noch bis in die neueste Zeit so sehr auf die Frage fixiert, was Gestik, Mimik, Körperhaltung über den Akteur aussage, daß es ihnen gar nicht erst in den Sinn kam, zu fragen, ob und in welcher Weise diese Stimuli die Vorstellungen prägen, die sich die Menschen voneinander bilden.

4.1 Das unverstanden gebliebene Memorandum eines Physikers

Die Hauptursache dafür, daß die jahrelangen Expertenanhörungen der *Federal Communications Commission* am Ende ohne Ergebnis blieben, liegt denn auch vor allem darin begründet, daß die Erforschung nonverbaler Verhaltensphänomene über die Jahrhunderte hinweg unter der geistigen Federführung der Psychologie durchgeführt worden war. Dabei hätte es sich, wie die Wissenschaftsgeschichte zeigt, in der Tat durchaus vermeiden lassen, daß die Humanwissenschaft mit leeren Händen dastand, als sie aufgerufen war mitzuhelfen, die kulturell folgenreichste technologische Entwicklung seit Gutenberg in nutzbringende Bahnen zu lenken. Es lag nämlich keineswegs nur an der – zugegebenermaßen erheblichen – Schwierigkeit, sich der Suggestivkraft des Visuellen zu entwinden, daß die von der FCC verordnete vierjährige Denkpause verstrich, ohne daß es gelungen wäre, zu einer

Abschätzung der Wirkungen zu gelangen, die das neue visuelle Medium auf die Rezipienten ausüben würde. Die Ratlosigkeit, mit der die Forschung den seltsamen Publikumsreaktionen gegenüberstand, die mit der Einführung des Fernsehens auftauchten, war nicht zuletzt auch eine Folge davon, daß innerhalb der Psychologie all jene Denkanstöße wirkungslos verpufft waren, die über die Jahrhunderte hinweg immer wieder aus anderen Disziplinen gekommen waren. Und zwar schon lange bevor schließlich Lippmann darauf aufmerksam gemacht hatte, daß eine primär auf das Bewegtbild gestützte Form der Informationsdarbietung jener Art von Denkfaulheit den Boden bereitet, auf dem Stereotype und Vorurteile gedeihen.

Es waren ironischerweise vor allem Physiker, die den Weg zu einem tieferen Verständnis der nonverbalen Kommunikation gewiesen hatten. Der erste, der sich hierzu dezidiert äußerte, war kein geringerer als der Inhaber des ersten Lehrstuhls für Experimentalphysik in Deutschland, Georg Christoph Lichtenberg. Hellsichtig wie kaum ein anderer hatte der «Selbstdenker Lichtenberg», wie ihn Schopenhauer bezeichnete, erkannt, daß die Merkmale des menschlichen Erscheinungsbildes einen spontan und autonom arbeitenden Mechanismus der unwillkürlichen Eigenschaftszuschreibung speisen, der uns nicht auf den Weg zur letzten Wahrheit, sondern auf den in die Vor-Urteilsbildung führt.

Daß Lichtenbergs diesbezügliche Vorstellungen seinen Zeitgenossen (und uns Nachfahren) überhaupt bekannt geworden sind, ist allerdings schon fast einem Zufall zu verdanken. In den Jahren 1775–78 war unter dem Titel *Physiognomische Fragmente zur Beförderung der Menschenkenntnis und Menschenliebe* eine von dem Schweizer Pastor Johann Caspar Lavater in Zusammenarbeit mit Goethe verfaßte Anleitung zur physiognomischen Charakterdeutung erschienen, deren äußere Aufmachung so überwältigend war, daß Zeitzeugen davon sprachen, das Werk sei ausgestattet «mit einer typographischen Pracht, womit damahls noch kein deutsches Werk gedruckt war» (Fülleborn, 1797:173). Gleich bei seinem Erscheinen löste das Lavater'sche Opus in der gebildeten Gesellschaft Europas ein derart manisches Physiognomisieren aus, daß Lichtenberg sich geradezu von einem «Heuschreckenheer von Physiognostikern» umgeben glaubte, von dem er meinte, daß es «jenes Mannes Wärme unvorsätzlich ausgebrütet» habe (Lichtenberg, 1972:548). Weit davon entfernt, der allgemeinen Erwartung beizupflichten, die physiognomische Ausdrucksdeutung würde zur Beförderung der Menschenkenntnis und Menschenliebe beitragen, kommentierte er die landauf, landab praktizierten physiognomischen Übungen – in typisch Lichtenberg'scher Unzweideutigkeit – mit den Worten: «Wenn die Physiognomik das wird, was Lavater von ihr erwartet, so wird man die Kinder aufhängen, ehe sie die Taten getan haben, die den Galgen verdienen» (Lichtenberg, 1980:532).

Kein Zweifel, hinter der Fassade des scheinbar unschuldigen Bemühens um mehr Menschenkenntnis hatte Lichtenberg die atavistischen Deutungsreflexe am Werke gesehen, die wohl schon seit Urzeiten unser Bild vom Andern prägen und mit ihrer – der kritischen Reflexion kaum zugänglichen – Unbeirrbarkeit und Unbelehrbarkeit das soziale Zusammenleben beherrschen und bedrohen. Rasch erkannte er auch, daß die wahre Ursache für die «Raserei für Physiognomik» (Lichtenberg, 1972:564), die die *Fragmente* ausgelöst hatten, nicht etwa in deren besonderem Erkenntniswert lag, sondern einfach darin, daß sich nun jedermann von Lavaters Vorbild legitimiert fühlte, seinen eigenen physiognomischen Deutungszwängen freien, ungehemmten Lauf zu lassen. Und so bedauerte der Physiker von der «Königin der Akademien», wie man die Göttinger Universität damals nannte, den am Zürcher Waisenhause wirkenden, für seine theologischen Werke in ganz Deutschland bekannten – wegen seines missionarischen Eifers allerdings auch höchst umstrittenen – Pfarrer fast schon ein bißchen dafür, daß dieser in der gutgemeinten Absicht, der Wissenschaft zu dienen, ein Werk herausgebracht hatte, das «anstatt den Geist zu bilden jedem schwachen Kopf Gelegenheit gibt, seine eigene verwirrte Ideen unter der Fahne eines berüchtigten Mannes in Marsch zu setzen» (Lichtenberg, 1980:576).

Mit dem optimistischen Glauben des Aufklärers an die Macht der Ratio glaubte Lichtenberg nun allerdings seine in physiognomischer Charakterdeutung schwelgenden Zeitgenossen rasch wieder zur Vernunft bringen zu können. Und so zögerte er nicht, buchstäblich im Alleingang gegen ein Werk zu Felde zu ziehen, das zu diesem Zeitpunkt bereits in ganz Europa als die Literatursensation des Jahrhunderts gefeiert wurde. Könige und Fürsten waren inzwischen – zusammen mit zahllosen anderen hochrangigen Persönlichkeiten – als Subskribenten des Werkes öffentlich in Erscheinung getreten und hatten sich damit quasi mit ihren eigenen ehrfurchtgebietenden Namen für die überragende Bedeutung des Werkes verbürgt. Auch von den sonst so beredten kritischen Geistern aus der Wissenschaft hatte man nichts vernommen, was dem Ruhm der neuen Physiognomik hätte abträglich sein können. Der Präsident der königlichen Gesellschaft der Wissenschaften schätzte den wissenschaftlichen Rang der *Physiognomischen Fragmente* sogar derart hoch ein, daß er sie in den renommierten *Göttingischen Anzeigen von gelehrten Sachen,* Band für Band, persönlich rezensierte. Und selbst der Kaiser des Heiligen Römischen Reiches Deutscher Nation, Joseph II., fand die Perspektiven, die die neue Wissenschaft u. a. für die Entdeckung von Verbrechern und für die Auswahl seiner Beamten verhieß, derart faszinierend, daß er im Sommer des Jahres 1777 höchstselbst in die Schweiz reiste, um mit Lavater von Angesicht zu Angesicht über die Einrichtung von Lehrstühlen für Physiognomik an den Universitäten zu sprechen[2].

Lichtenberg freilich, der fand, er habe «mit der Feder in der Hand... mit gutem Erfolg Schanzen erstiegen, von denen andere mit Schwert und Bannstrahl bewaffnet zurückgeschlagen worden sind» (Lichtenberg, 1980:435) focht all dies nicht weiter an. Dies um so mehr, als er sich mit seiner Meinung über die Physiognomik völlig im Einklang mit derjenigen seiner Kollegen glaubte. Daß das Lavater'sche Opus von allen Seiten mit Lob und Preis geradezu überschüttet wurde, machte ihn an seiner Überzeugung, man denke im Kollegenkreise darüber gerade so wie er, nicht im mindestens schwankend. «Herr Lavater... weiß nicht, daß das Stillschweigen des *vernünftigen* Publikums nicht Tribut sondern Almosen» ist (Lichtenberg, 1980:551; Hervorhebung im Original), so erklärte er sich den seltsamen Umstand, daß die kritischen Stimmen aus der Wissenschaft angesichts der Pracht und Herrlichkeit der *Fragmente* völlig verstummt waren.

Aus diesem Grunde war ihm auch gar nicht erst der Gedanke gekommen, er könnte seine eigenen Überlegungen zur Physiognomik in einem der vornehmen, zur Zeit der Aufklärung so außerordentlich einflußreichen, *gelehrten Journale* veröffentlichen. Statt dessen wählte er dafür einen der damals gerade in Mode gekommenen populären Taschenkalender. Aus seiner Sicht der Dinge war dies der Sache völlig angemessen. Denn er wollte, wie er später selbst kundtat, mit dem im *Göttinger Taschen = Calender vom Jahr 1778* publizierten kurzen Aufsatz mit dem unscheinbaren Titel: *Über Physiognomik; und am Ende etwas über die Kupferstiche des Almanachs,* lediglich

> einigen gefährlichen Folgerungen begegnen, die schon hier und da von Jünglingen und Matronen aus jenem Werk gezogen zu werden anfingen; Ich wollte hin-

---

2 Zur Entstehungs- und Rezeptionsgeschichte der physiognomischen Fragmente vgl. Lavater, 1793; Fülleborn, 1797; Lichtenberg, 1801; v. d. Hellen, 1888; Funck, 1901; Frey, 1991; 1993 a.

dern, daß man nicht zu Beförderung der Menschenliebe physiognomisierte, so wie man ehemals zu Beförderung der Liebe Gottes sengte und brennte... Ich wollte hindern, daß, da grober Aberglaube aus der feineren Welt verbannt ist, sich nicht ein klügelnder an dessen Statt einschliche, der eben durch die Maske der Vernunft, die er trägt, gefährlicher wird, als der grobe. (Lichtenberg, 1972:258f.).

Die ungeheure Aufregung, ja das Entsetzen, mit der die physiognomisierenden Jünglinge und Matronen – und mit ihnen «kein geringer Teil der guten Gesellschaft unsers Vaterlandes» (Lichtenberg, 1972:263) – auf seinen Aufsatz reagierten, kam für Lichtenberg völlig überraschend. Nicht im mindesten hatte er damit gerechnet, daß der in fast unleserlich kleinen Lettern gedruckte Aufsatz von Deutschlands feiner Gesellschaft überhaupt zur Kenntnis genommen würde[3]. Sein Traktat *Über Physiognomik* hatte er denn auch ganz beiläufig zusammengeschrieben, «in einigen Morgenstunden... von der Hand weg zur Presse, so daß ich zuweilen, um fortfahren zu können, mein Manuskript wieder aus der Druckerei holen lassen mußte» (Lichtenberg, 1972:564). Angesichts der überwältigenden Resonanz, die der Aufsatz in allen Schichten der Bevölkerung fand, war es ihm dann höchst peinlich, daß er sich – «bei der (ich gestehe es) flüchtig geschriebenen Abhandlung» (Lichtenberg, 1972:358) – nicht mehr Mühe gegeben und sie nicht «ordentlicher geschrieben» (Lichtenberg, 1983:788) hatte. Viel weniger Kummer bereitete es ihm dagegen, daß er mit seiner unverblümten Stellungnahme zur Physiognomik so viele berühmte und mächtige Zeitgenossen gegen sich aufgebracht hatte. «Es ist fast unmöglich», so erläuterte er mit der ihm eigenen Gelassenheit das Berufsrisiko des Aufklärers, «die Fackel der Wahrheit durch ein Gedränge zu tragen ohne jemanden den Bart zu sengen» (Lichtenberg, 1991:135).

Von seinem Verleger, der wegen des Wirbels um den Physiognomikaufsatz die Gesamtauflage des Kalenders quasi über Nacht verkauft hatte, zu einer Sonderausgabe seiner physiognomischen Betrachtungen gedrängt, gab Lichtenberg schon im Januar 1778 eine erweiterte Fassung seines Aufsatzes heraus, die diesmal unter dem Titel *Über Physiognomik; wider die Physiognomen. Zu Beförderung der Menschenliebe und Menschenkenntnis* erschien. Um «wenigstens bei den bequemeren Köpfen einer ferneren Mißdeutung meiner Absicht vorzubeugen»

---

3 Das Format des Almanachs betrug winzige 6 × 10 cm – damit er, wie Lichtenberg (1983:788) einem Freund schrieb, von den Damen «in einen Nähebeutel gesteckt werden konnte».

(Lichtenberg, 1972:257), versuchte er seinen Lesern diesmal gleich von Anfang an die Augen dafür zu öffnen, daß es hier nicht etwa um ein Pro oder Kontra zu Lavater ging, den er persönlich durchaus schätzte und stets mit Respekt behandelte[4]. Hier gehe es vielmehr um die Auseinandersetzung mit erkenntnistheoretischen Fragen, die von größter Tragweite seien, sowohl für das Selbstverständnis des Menschen als auch für das Bild, das er sich über seine soziale Umwelt mache. Und so stellte er diesmal seinem Aufsatz das Shakespear'sche Motto voran: *Not working with the Eye without the Ear, And, but in purged Judgment, trusting neither* (Lichtenberg, 1972:256).

Es war gleichwohl weniger die intellektuelle als vielmehr die gesellschaftliche Schockwirkung, die diesen beiden Aufsätzen eine so ungewöhnliche Breitenwirkung verlieh. Ausgerechnet zu einem Zeitpunkt, zu dem die von Lavater zur «Wissenschaft der Wissenschaften» (Lavater, 1775:55) ausgerufene Physiognomik im Zenit ihrer Popularität stand, war urplötzlich, und ohne jede Vorwarnung, der Göttinger Physiker hervorgetreten. Schlagartig und ganz unmißverständlich war dadurch jedermann klar geworden, daß der von Lavater und Goethe initiierte, großangelegte Versuch, für die physiognomische Charakterdeutung das Plazet der Wissenschaft zu bekommen, kläglich gescheitert war. Fast wie ein Spuk war die ganze physiognomische Volksbewegung dann auch schon kurz nach dem Erscheinen des Kalenderaufsatzes wieder verschwunden. Als Kant zwei Jahrzehnte später das Thema im Rahmen seiner *Anthropologie in pragmatischer Hinsicht* erneut behandelte, war, wie er schrieb, «die Physiognomik, als Ausspähungskunst des Innern im Menschen vermittelst gewisser äußerer unwillkürlich gegebener Zeichen, ganz aus der Nachfrage gekommen und nichts von ihr übriggeblieben» (Kant, 1980:241).

---

4 Noch ein Jahrzehnt später äußerte er sich gegenüber einem Freund über Lavater wie folgt: «Ich halte ihn wirklich für einen vortrefflichen Kopf, den *schwache* Gesellschaft etwas verrückt hat ... Er meint alles ehrlich, und wenn er betrügt, so ist er ein betrogener Betrüger» (Lichtenberg, 1990:233; Hervorhebung im Original). An anderer Stelle schreibt er: «Ich glaube gewiß, Lavater ist ein ehrlicher Mann, der aber seinen Kopf für die Welt hält, und jeden Gedanken der ihm aufsteigt für einen neuen Planeten. Wären nur immer Leute um ihn gewesen, die ihm freundschaftlich gezeigt hätten, daß es Nebel wären (denn er hört wirklich einem zu), so hätte etwas großes aus ihm werden können. Nun ist es zu spät» (Lichtenberg, 1990:249).

4.11 Die dogmatische Natur des visuellen Eindrucks

Dabei konnte sicher keine Rede davon sein, daß es Lichtenberg, der sich schon gleich wieder von der Physiognomik ab- und seinen eigentlichen Interessen zuwandte, gelungen wäre, die Zusammenhänge, auf die er aufmerksam machen wollte, seinen Zeitgenossen wirklich klarzumachen. Sein Diktum, «Die unterhaltendste Fläche auf der Erde für uns ist die vom menschlichen Gesicht» (Lichtenberg, 1980:473), wurde zwar bald schon so bekannt und so häufig zitiert, daß es fast den Charakter eines geflügelten Wortes annahm. Den meisten derer, die es später im Munde führten, wurde freilich gar nicht bewußt, daß Lichtenberg einen grundlegenden Perspektivenwechsel vollzogen hatte, als er das menschliche Gesicht zur «unterhaltendsten» – und nicht etwa zur «informativsten» – Fläche auf der Erde erklärte. Anders als die Ausdruckskundler, die sich über die Jahrhunderte hinweg nicht von der Frage lösen konnten, was das Äußere eines Menschen über dessen Inneres aussage, ging Lichtenberg erstmals den psychischen Wirkungen nach, die das äußere Erscheinungsbild eines Menschen auf dessen soziales Umfeld ausübt. Und er war dabei zu Einsichten gelangt, die die Bedeutung des Visuellen in der Malerei, in der Literatur, ja sogar in der ganzen menschlichen Kulturgeschichte, in einem völlig neuen Lichte zeigt.

Die großen Werke der bildenden Kunst, so eröffnete er den Lesern seines Kalenderaufsatzes, eigneten sich keineswegs als Beleg für die charakterologische Aussagekraft physiognomischer Merkmale. Sie lieferten vielmehr den Beweis für die enorme Suggestivkraft, die diese Merkmale auf den Betrachter ausüben. Eben wegen der Starrheit des Mechanismus, der die visuelle Eindrucksbildung steuert, müsse der Künstler bei der Gestaltung seines Werkes stets auf die Rezeptionsgewohnheiten des Betrachters Rücksicht nehmen. Und dabei müsse er, falls er keinen Mißerfolg riskieren wolle, oft höchst unbefriedigende Zugeständnisse an dessen Verständnis der Zusammenhänge machen:

> Daß der Maler und der Dichter ihre Tugendhaften schön und ihre Lasterhaften häßlich vorstellen, kommt nicht von einer durch Intuition erkannten nothwendigen Verbindung dieser Eigenschaften her, sondern weil sie alsdann Liebe und Haß mit doppelter Kraft erwecken ... So entstunden italiänische Christusgesichter ... Auf der anderen Seite hat selbst Schwanz, Schwärze und Klaue dienen müssen um das Laster und die Bosheit für eine gewisse Klasse von Menschen zu zeichnen ... Judas war wohl schwerlich der schmierige häßliche Betteljude, den Holbein aus ihm macht ... Nach meiner Erfahrung müßte sich Judas von allen Jüngern durch ein immer fertiges Lächeln und frömmelnden Blick unterschieden haben. So wäre

freylich Holbein von den wenigsten verstanden worden, aber die, die es gefunden hätten, hätten es ihm desto herzlicher gedankt (Lichtenberg, 1778/1991:21f.).

Nicht anders verhalte es sich mit den physiognomischen Bemerkungen, die man gelegentlich bei großen Dichtern und Schriftstellern finde. Üblicherweise seien sogar gerade die «tiefsten Denker... die schlechtesten Physiognomen. Sie sind mit einer flüchtigen Ähnlichkeit nicht so leicht befriedigt, da der flüchtige Physiognome in jedem Tintenfleck ein Gesicht und in jedem Gesicht eine Bedeutung findet» (Lichtenberg, 1972:283). Wenn man in wichtigen literarischen Werken trotzdem Vermerke über Beziehungen zwischen Körperbau und Charakter finde, seien auch diese nur vor dem Hintergrund der Rezeptionsgewohnheiten der **Leser** zu verstehen. Shakespeare beispielsweise, «der die entferntesten Begriffe, und die sich vielleicht nie in einem Menschenkopf vorher begegnet sind, zu seiner Absicht zu verbinden weiß» (Lichtenberg, 1972:279), rühme man zwar zu Recht für seine besonders tiefen Einsichten in die menschliche Psyche. Aber gerade ihn würde man deshalb völlig mißverstehen, wenn man seine Bemerkungen über physiognomische Zusammenhänge als einen Beleg für die diagnostische Aussagekraft der Physiognomik betrachte. Denn

> Shakespeare schildert Menschen, und die Menschen haben wohl seit jeher physiognomisiert und geirrt, auch irren sich Shakespeares Physiognomen... Sage mir, was hat Octavia für ein Gesicht, fragt beim Shakespeare die eifersüchtige Cleopatra den Courier, ist's länglich oder rund? Bis zum Fehler rund, ist die Antwort. Das sind gemeiniglich Närrinnen, die so aussehen, sagt Cleopatra. Wer sieht hier nicht, daß dies ein tiefer Blick ins Herz der Cleopatra ist, der uns über die innere Beschaffenheit des Kopfs der Octavia völlig beim alten läßt (Lichtenberg, 1972:280f.).

Selbst bei der Entstehung der zahllosen Sprichwörter, die der Physiognomik das Wort reden, habe letztlich die Suggestivkraft des Visuellen Pate gestanden. Es sei deshalb völlig verfehlt, diese als das Ergebnis einer über die Jahrtausende gewachsenen Menschheitserfahrung zu sehen, die sich dann in verdichteter Form in Sprichwörten, wie etwa «In einem schönen Körper wohnt eine schöne Seele» (Lichtenberg, 1972:283) offenbare. Diese spiegelten vielmehr eine unserer Wahrnehmung innewohnende zwanghafte Tendenz zur physiognomischen Ausdrucksdeutung, die bewirke, daß der Mensch jeglichem Merkmal des menschlichen Erscheinungsbildes, «selbst der Verzerrung durch die Pocken, Zahnlücken etc. physiognomischen Sinn» gebe (Lichtenberg, 1972:291). Zu welchen Konsequenzen dieser Mechanismus im

41

menschlichen Zusammenleben führe, könne man sich leicht am Beispiel des jahrtausendealten Spruchs vor Augen führen: «Hüte Dich vor den Gezeichneten». Denn wenn man bedenke, was in der Folge dieser sprichwörtlichen Empfehlung den Gezeichneten schon alles widerfahren sei, könnten mit «größerem Recht... die Gezeichneten sagen: hüte dich vor den Nicht-Gezeichneten» (Lichtenberg, 1972: 279).

Darüber hinaus ließ Lichtenberg keinen Zweifel daran, daß auch unser Alltagsleben zutiefst geprägt ist von den reflexhaften physiognomischen Interpretationen, die sich, aller Rationalität zum Trotz, in uns entfalten. Scheinbar ganz banale Kleinigkeiten, so machte er an zahlreichen Beispielen deutlich, zeitigten dabei oft große und nachhaltige Wirkungen. Er selbst habe

> einen jungen, vortrefflichen Menschen gekannt, der sich in Gesellschaft eines berühmten Mannes ein dezisives Aufwerfen des Kopfs und verachtendes Herabziehen der Mundwinkel, bei allem was er sagte, angewöhnt hatte... und sich auch wieder abgewöhnte. Er würde sich gewiß damit an seinem Glück geschadet haben (Lichtenberg, 1972:283).

Denn die meisten Personen seien gar nicht in der Lage, die von nonverbalen Stimuli ausgelösten kognitiven und affektiven Reaktionen zu überwinden. Im Gegenteil, es gehöre ganz besonders «viel Weltkenntnis und Tugend dazu, die Rede, von einem solchen Gesicht begleitet, zu entschuldigen und nicht das Gesicht in die Rede zu übertragen» (Lichtenberg, 1972:283).

Das Umdenken, das erforderlich gewesen wäre, um die von Lichtenberg vollzogene Erweiterung der engen Perspektive der Ausdrucksforschung nachvollziehen zu können, überforderte freilich die geistige Beweglichkeit nicht nur seiner Zeitgenossen. Und so blieben bis in die Gegenwart hinein seine Hinweise auf die dominierende Rolle, die visuelle Stimuli bei der Regulation des menschlichen Zusammenlebens spielen, praktisch ohne jeden Einfluß auf den Gang der Forschung. Zwar folgte die Wissenschaft von da ab treulich seiner Empfehlung, anstatt nach psychologischen Gründen für das Aussehen der Menschen zu suchen, sich doch lieber um deren gestisches und mimisches Verhalten zu kümmern. In Bezug auf das grundlegende theoretische Verständnis der Dinge blieb jedoch alles beim alten: So wie man ehedem geglaubt hatte, die äußere morphologische Struktur des Körpers gebe die innere charakterliche Disposition zu erkennen, so verstand man nun die äußere gestische und mimische Bewegung als die unfreiwillige Offenbarung innerer Gefühlsregungen. Und so verspielten denn auch die Ausdruckskundler ihre erste große Chance, die Phänomene, die sie so lange als die *ultima ratio* der Psychodiagnostik angesehen hatten, in einen neuen Denkzusammenhang zu stellen.

4.2 Unbewußte Schlüsse

Eine zweite große Chance verpaßten sie ein Jahrhundert später, als wiederum ein Physiker, Herrmann von Helmholtz (1821–1894), auf die gewaltige Suggestivkraft der visuellen Eindrucksbildung aufmerksam machte. Im Zuge seiner Untersuchungen zur physiologischen Funktionsweise des optischen Apparats hatte der überragende, wegen seiner Beiträge zu ganz verschiedenen Wissenschaftsdisziplinen als «Universalgenie Helmholtz» (Krüger, 1994) gefeierte Naturforscher sich auch mit den psychologischen Effekten der visuellen Wahrnehmung beschäftigt. Dabei war ihm, wie zuvor schon Lichtenberg, die geradezu despotische Gewalt aufgefallen, mit der der visuelle Eindruck den menschlichen Verstand beherrscht. Und wie dieser hat er sich nur sehr widerstrebend und widerwillig über seine Sicht der Dinge verbreitet.

Am liebsten würde er sich zu den psychologischen Wirkungen des Sehens gar nicht äußern, so bekannte Helmholtz seinem Freund und Kollegen Emil du Bois-Reymond, in einem Brief vom Februar 1864. Denn es sei

> sehr entmutigend, daß, sowie man das psychologische Gebiet streift, man gar nicht mehr darauf rechnen kann, die Leute zu überzeugen, weil die Abstraktionen viel schwerer werden und sie sich vom sinnlichen Schein viel weniger frei machen können (Kirsten, 1986:208).

Einige Jahre später überwand er sich aber doch und erläuterte im letzten Band seines 1856–67 erschienenen, epochalen Werkes *Handbuch der Physiologischen Optik,* was es mit dem sinnlichen Schein auf sich habe. Er selbst rechnete allerdings keineswegs damit, daß seine Überlegungen verstanden würden. Dieser letzte Band habe ihn «schändlich gequält» (Kirsten, 1986:220), schrieb er nun an du Bois-Reymond, «weil man notwendig stark ins Psychologische hineingerät und man gar nicht darauf rechnen kann, durch die bestüberlegten Gedanken die Leute zu überzeugen» (Kirsten, 1986:214).

Dabei ließ Helmholtz' Stellungnahme, nicht anders als dies schon für Lichtenbergs Kommentar zur physiognomischen Ausdrucksdeutung galt, an Klarheit und Eindeutigkeit eigentlich nichts zu wünschen übrig. Sowohl das Bild, das wir uns von unserer physikalischen Umwelt machen, als auch die Art und Weise, wie wir unsere Mitmenschen sehen, seien, so machte Helmholtz geltend, zutiefst geprägt von einem, von ihm als *unbewußter Schluß* bezeichneten, prä-rationalen Mechanismus der visuellen Eindrucksbildung, der unbeirrbar und unbelehrbar seinen eigenen Gesetzen folge und auf diese Weise eine herrische Macht über den menschlichen Verstand ausübe.

«Die Sonne», so erinnerte Helmholtz, gehe bekanntlich «jeden Abend vor unseren Augen hinter dem feststehenden Horizonte scheinbar unter, obgleich wir sehr wohl wissen, daß jene feststeht und dieser sich bewegt» (Helmholtz, 1867:450). Desgleichen könnten wir optische Täuschungen keineswegs dadurch zum Verschwinden bringen, daß wir uns auf rationalem Wege davon überzeugen, daß uns der Augensinn genarrt hat. Aber auch auf die Art und Weise, wie sich die Menschen gegenseitig wahrnehmen, übe der unbewußte Schluß tiefgreifende Wirkungen aus. So generiere allein schon der Anblick einer Person eine gefühlsmäßige Haltung zum Gegenüber, die eben, *weil* sie nicht rational begründbar ist, sich als sehr widerstandsfähig gegen jede verstandesmäßige Kritik erweist.

Erkennbar werde dies u. a. an den Effekten, die Schauspieler auf uns ausüben. Bereits die bloße Wahrnehmung des Aussehens und des Bewegungsverhaltens eines Schauspielers bringe unfehlbar einen unwillkürlichen Prozeß der spontanen Eigenschaftszuschreibung in uns in Gang, in dessen Folge wir dem Darsteller bestimmte – aus rationaler Sicht völlig abwegige – Charaktereigenschaften, Stimmungen und Neigungen unterstellen. Selbst die oft ganz massiven Gemütsbewegungen, die Theateraufführungen in uns hervorrufen, rührten letztlich einzig davon her, daß das menschliche Auge nicht zweifeln, der Augensinn sich seines – durch den unbewußten Schluß erzeugten – Eindrucks nicht erwehren könne:

Ein Schauspieler, der einen alten Mann geschickt darstellt, ist auf der Bühne für uns auch ein alter Mann, so lange wir dem unmittelbaren Eindrucke freien Lauf lassen, und uns nicht gewaltsam besinnen, daß wir vom Theaterzettel her wissen, dieses sei der uns bekannte junge Schauspieler, welcher dort herumagiert. Wir halten ihn für zornig oder für leidend, je nachdem er uns die eine oder andere Art der Mienen und Geberden zeigt; er erregt Schrecken oder Mitleiden in uns . . . und die begründete Ueberzeugung, dass dies alles nur Schein und Spiel sei, hilft durchaus nichts gegen unsere Gemüthsbewegungen, so lange der Schauspieler nicht aus seiner Rolle fällt. Im Gegenteil ergreift und foltert uns eine solche lügenhafte Geschichte, der wir scheinbar persönlich beiwohnen, viel mehr, als es eine entsprechende wahre thun würde, von der wir einen trockenen actenmäßigen Bericht lesen (Helmholtz, 1867:450).

Daß im Bereich der visuellen Wahrnehmung «die Neigung zu den falschen Schlüssen bestehen bleibt, trotz der auf bewußte Ueberlegung gegründeten bessern Einsicht in die Sache» (Helmholtz, 1867:449), sei, so Helmholtz, darauf zurückzuführen, daß die höheren kortikalen Zentren, die mit der bewußten Informationsverarbeitung befaßt sind, an der Entstehung des visuellen Eindrucks gar nicht beteiligt sind. Dieser sei vielmehr das Ergebnis eines Deutungsprozesses, der für «die reinigende und prüfende Arbeit des bewußten Denkens» (Helmholtz, 1867:449) völlig unzugänglich sei und dementsprechend unbeirrbar auf seiner Sicht der Dinge beharre. Da dieser Prozeß außerdem spontan entstehe und automatisch ablaufe, bleibe das in unserem Innern sich entfaltende Geschehen unserem Bewußtsein so sehr verborgen, «daß wir gar nicht näher bezeichnen können, was in uns vorgegangen ist» (Helmholtz, 1867:449). So finde schließlich auch das seltsame Phänomen, daß wir die Dinge, die wir mit dem Auge wahrnehmen, buchstäblich so *nehmen,* als seien sie *wahr,* seine tiefere Ursache letztlich darin, daß die Macht der Bilder den Verstand überwältigt. Denn das Ergebnis der unbewußten Schlüsse seien Deutungen, die sich «unserem Bewußtsein aufdrängen, als gewonnen durch eine uns zwingende, gleichsam äußere Macht, über die unser Wille keine Gewalt hat» (Helmholtz, 1867:449).

4.21 Die Gleichsetzung von Eindruck und Ausdruck

Daß Helmholtz Vorahnung, seine psychologischen Betrachtungen seien in den Wind gesprochen, sich zunächst einmal bewahrheitete, lag, wie man aus heutiger Sicht leicht erkennen kann, vor allem daran, daß er mit seiner knappen Darlegung der Wirkmechanismen nonverbaler Stimuli dem Verständnis dieser Dinge um mehr als ein Jahrhundert voraus war. Mit Begriffen wie *snap judgments* (Schneider, Hastorff and Ellsworth, 1979), *nonconscious social information processing* (Lewicki 1986), *spontaneous trait inference* (Newman and Uleman 1989), *unintended thought* (Ulemann and Bargh 1989) nähern sich moderne Autoren zwar immer mehr der Helmholtz'schen Sichtweise. Doch obwohl dieser, wie der amerikanische Wahrnehmungsforscher Daniel Gilbert zu Recht vermerkt, «viele der gegenwärtigen Autoren vorwegnahm, nicht nur indem er die Existenz solcher Prozesse postulierte, sondern auch durch die Beschreibung ihrer allgemeinen Wesensmerkmale», zeitigten seine psychologischen Betrachtungen keine nennenswerte Wirkung: «Es ist wahrscheinlich fair, zu sagen, daß Helmholtz' Ideen zum sozialen Inferenzprozeß keinen wie auch immer gearteten Einfluß auf die Sozialpsychologie ausgeübt haben» (Gilbert 1989:189/191).

Dabei sind die Worte des Physikers, der wegen seines fast übermächtigen Einflusses auf das Geistesleben des 19. Jahrhunderts von seinen Zeitgenossen gelegentlich als der «Reichskanzler der Wissenschaften» apostrophiert wurde (Koenigsberger, 1903:97), in der Psychologie keineswegs ungehört verhallt. Sie bildeten vielmehr in der von seinem früheren Assistenten Wilhelm Wundt[5] als akademisches Fach begründeten Wissenschaft von Anfang an ein heiß diskutiertes Thema. Doch als gelte es Helmholtz' Kernthese zu bestätigen, derzufolge sich «die Leute ... vom sinnlichen Schein viel weniger frei machen können», stieß sein Hinweis auf die Suggestivkraft des Augenscheins in der Psychologie auf blankes Unverständnis. Ja, allmählich machte sich in der Disziplin, die ihre Abstammung heute mit Vorliebe auf Helmholtz als dem «eigentlichen Wegbereiter der wissenschaftlichen Psychologie» (Mausfeld, 1994:146) zurückführt, die Auffassung breit, der Physiker, der der Welt die mathematische Begründung des Gesetzes von der Erhaltung der Energie geliefert hatte, sei bei seinen Überlegungen zu der Frage, wie die Menschen vermittels Augenschein zu Urteilen übereinander gelangen, leider einem Denkfehler erlegen. «Da eine Schlußfolgerung ganz offenkundig ein bewußter Prozeß ist und deshalb weder unbewußt noch augenblicklich zustandekommen kann, wurde diese Vorstellung als ein Widerspruch in sich zurückgewiesen» – so resümierte etwa Edwin Boring (1942:289), eine der großen Autoritäten der amerikanischen Psychologie, die Bewertung des unbewußten Schlusses, auf die man sich in der Fachwelt, Boring eingeschlossen, schließlich geeinigt hatte[6].

---

5 Wundt spielte, jüngst publizierten Dokumenten zufolge, in Helmholtz' Laboratorium allerdings eine eher marginale Rolle (Vogt, 1994:72; Kirsten, 1986:203, 215). Er war zudem, wie aus dem Briefwechsel zwischen Helmholtz und du Bois-Reymond hervorgeht, offenbar weder von du Bois, in dessen Labor er zuvor tätig war, noch von Helmholtz selbst sonderlich geschätzt (vgl. Kirsten, 1986:187f., 228, 230).

6 Diese Stellungnahme findet sich in einer historischen Aufarbeitung der Wahrnehmungsforschung, die Boring *Helmholtz* gewidmet hatte, in der erklärten Absicht, ihm damit zur «Unsterblichkeit» zu verhelfen, «jener Unsterblichkeit, die für so viele von uns ein unerfüllbares Streben bleibt» (Boring, 1942:xii).

Dabei hätte gerade das Konzept des unbewußten Schlusses den Psychologen zu der Erkenntnis verhelfen können, daß im Ausdrucksdenken ein logisches Problem steckte, das über die Jahrtausende hinweg unerkannt geblieben war. Mit dem Versäumnis, zwischen Schein und Sein zu trennen, hatte die Ausdrucksforschung nämlich lediglich einen Denkfehler perpetuiert, der bereits tief in unserem Alltagssprachgebrauch angelegt ist: im unbeirrbaren Glauben an die Untrüglichkeit seiner Impression bezeichnet der Betrachter *seinen Eindruck* vom Gegenüber als *dessen Ausdruck*. Es lag sicherlich nicht zuletzt an der Schwierigkeit, sich aus den Fesseln dieses, durch die dogmatische Natur des visuellen Eindrucks selbst bedingten, Denkfehlers zu befreien, daß man in der Psychologie noch bis weit ins 20. Jahrhundert hinein immer wieder nach der Beziehung zwischen dem äußeren Verhalten und dem inneren Befinden des Akteurs suchen würde, während der große Physiker längst erkannt hatte, daß diese Phänomene – über den Mechanismus des unbewußten Schlusses – die kognitiven und affektiven Prozesse steuern, die in seinem *Gegenüber* ablaufen. In dem heißen Bemühen, die psychologische Bedeutung des menschlichen Erscheinungsbildes zu ergründen, machte sich denn auch die Ausdruckspsychologie – nicht anders als zuvor schon die Physiognomik – entschlossen daran, sozusagen auf dem richtigen Weg in die falsche Richtung zu laufen.

4.3 Agonie einer Wissenschaft

Helmholtz' revolutionäre These, daß bei der Deutung nonverbaler Stimuli die «sinnstiftende» Funktion nicht vom Akteur, sondern vom *Betrachter* ausgeht, bot, ein Jahrhundert nach Lichtenberg, fraglos eine erneute große Chance zur geistigen Erneuerung eines Forschungsgebiets, das buchstäblich über die Jahrtausende hinweg keine theoretische Weiterentwicklung erfahren hatte. Speziell sein Hinweis, daß der unbewußte Schluß sozusagen in einer Art Schnellschußverfahren Persönlichkeitsurteile und emotionale Einstellungen zum Gegenüber evoziert, hätte die Forschungsarbeit auf diesem Gebiet aus der konzeptuellen Verklammerung mit der Psychodiagnostik lösen und in eine gedankliche Verbindung mit dem Prozeß der Vorurteilsbildung bringen können.

Daß die Anregungen von Lichtenberg und Helmholtz nicht aufgegriffen, ihre Hinweise nicht weiter verfolgt wurden, ist der Ausdruckspsychologie selbst freilich nicht gut bekommen. Zwar nahm die Erforschung des mimischen und gestischen Verhaltens zu Beginn des 20. Jahrhunderts zunächst einen ungeheuren Aufschwung, nachdem die technologische Entwicklung es zum ersten Male möglich gemacht hatte, das flüchtige Bewegungsgeschehen auf Film zu bannen. Vor allem in den zwanziger und dreißiger Jahren beteiligte sich, wie der amerikanischen Wissenschaftshistorikerin Martha Davis auffiel, an der Untersuchung dieser Phänomene fast jedermann, der in der Psychologie Rang und Namen hatte. Dementsprechend liest sich die Liste derer, die sich mit dem Studium der Körperbewegung befaßt haben, geradezu «wie ein *Who's Who* der Verhaltenswissenschaften» (Davis, 1972:2).

Die Begeisterung für die Untersuchung der «Ausdrucksbewegungen» – die selbst Geistesgrößen wie Darwin (1872) erfaßt hatte, der als einer der ersten Photographien zum Studium des mimischen und gestischen Geschehens nutzte – verebbte jedoch jäh, als in empirischen Studien erkennbar wurde, daß die hohen Erwartungen, die sich an die psychodiagnostische Aussagekraft des mimischen und gestischen Verhaltens knüpften, von den empirischen Daten alles andere als bestätigt wurden. Speziell die unter streng kontrollierten experimentellen Bedingungen durchgeführten Untersuchungen der amerikanischen Wissenschaftler machten schon bald bestürzend deutlich, daß die für den Laien scheinbar so offenkundige Beziehung zwischen *motion and emotion* sich empirisch einfach nicht befriedigend verifizieren ließ.

So erbrachte eine in den zwanziger Jahren durchgeführte Serie aufsehenerregender Experimente den Befund, daß Personen, die durch experimentelle Manipulation in gleichartige, zum Teil sehr starke Emotionen versetzt wurden, keineswegs dieselben, sondern ganz unterschiedliche mimische Reaktionen boten. Rezeptionsuntersuchungen, die sich zur selben Zeit mit der Wahrnehmung mimischer Innervationsmuster befaßten, machten zudem deutlich, daß es auch mit der Universalität von deren Deutung schlecht bestellt ist. So mag ein Gesichtsausdruck für den Deuter zwar zwingend eindeutig sein, verschiedene Personen können jedoch in der Deutung derselben mimischen Konfiguration erheblich differieren, selbst innerhalb einer Kultur. «Unterschiedliche Beobachter», so faßte vor kurzem der kanadische Psychologe James Russell die Befunde zu diesem Thema nochmals zusammen,

48

benannten unterschiedliche Emotionsetikette für denselben Ausdruck (Buzby, 1924, Feleky, 1922). Beobachter wurden durch die vom Experimentator vorgegebenen Etikette zu bestimmten Deutungen verführt (Fernberger, 1928). Die Emotion, die einem Gesicht zugeschrieben wurde, konnte durch Training verändert werden (Allport, 1924; Guilford, 1929). Wenn echte anstatt simulierter Emotionen untersucht wurden, schien der resultierende Gesichtsausdruck diese Emotionen nicht zu enthüllen (Landis, 1924). Die Emotionen, die Kleinkindern zugeschrieben wurden, hingen mehr von der Situation ab, in der sich das Kind befand, als von dessen Gesichtsmimik (Sherman, 1927). Die zwanziger Jahre waren der Tiefpunkt der Universalitätshypothese (Russell, 1994:104).

Zumindest unter der Crème der amerikanischen Untersucher begann denn auch schon bald der große Exodus aus der Ausdruckspsychologie. «Es ist gerade so, als hätte eine große Anzahl ernsthafter Verhaltenswissenschaftler ein flüchtiges Interesse an der Körperbewegung gezeigt, und wären dann weitergegangen», wunderte sich beispielsweise Davis (1972:2) anläßlich ihrer wissenschaftshistorischen Betrachtung der Forschungsliteratur. Und tatsächlich hatten, wie Goldstein (1981) recherchierte, die meisten dieser renommierten Wissenschaftler überhaupt nur eine einzige Studie auf diesem Gebiet durchgeführt. Und es war in keinem Fall diese Studie, mit der sie sich dauerhaft einen Namen gemacht hatten.

Es mag an der pragmatischen Grundhaltung der amerikanischen Psychologie liegen, daß man sich in den USA nicht lange damit aufhielt, darüber zu rätseln, was es mit den offenbar voreilig zu «Ausdrucksbewegungen» deklarierten mimischen und gestischen Verhaltensphänomenen nun wirklich auf sich habe – was sozusagen des Pudels Kern dabei sei. Man begnügte sich vielmehr damit, zu konstatieren, daß Gestik, Mimik, Körperhaltung für die wissenschaftliche Psychodiagnostik wenig Nutzen brächten, und suchte umgehend nach anderen Kriterien. Dabei gelangte man dann rasch zu dem Schluß, daß es keineswegs notwendig sei, sich mit dem schon rein methodisch außerordentlich schwer zugänglichen menschlichen Bewegungsverhalten auseinanderzusetzen. Denn auf der Grundlage des empirisch sehr viel leichter faßbaren Sprachverhaltens lasse sich ohne weiteres ein leistungsfähiges psychodiagnostisches Instrumentarium aufbauen. Dementsprechend setzte man in den USA schon früh auf die Entwicklung von Fragebogen und Tests. In der Folge dieser methodischen Umorientierung innerhalb der Psychodiagnostik ging dort dann auch die Ausdruckspsychologie schon bald sang- und klanglos unter. Im Bereich der mimischen Ausdrucksforschung, die über die Jahrhunderte hinweg das Hauptaugenmerk auf sich gezogen hatte, vollzog sich der Niedergang sogar derart schnell, daß Davis sich bezüglich der Situation in den USA zu der Feststellung veranlaßt sah: «Das Studium des Gesichtsausdrucks und seiner Interpretation starb buchstäblich in den vierziger Jahren aus» (Davis, 1979:53).

In Deutschland, wo das von Lichtenberg als «Seuche» beklagte (Lichtenberg, 1972:564) physiognomisierende Denken vielleicht sowieso endemischer ist als in anderen Kulturkreisen, ging die Ausdruckspsychologie auf weniger harmlose Weise unter. Nachdem bereits zu Beginn des Jahrhunderts Wundt (1904) der theoretischen Begründung der Ausdruckspsychologie die ersten 250 Seiten seines zwölfbändigen Werkes *Völkerpsychologie* gewidmet hatte, führten in den zwanziger und dreißiger Jahren vor allem die Arbeiten von Klages (1923, 1926), Lersch (1932) und Bühler (1933) zu einer Hochblüte der Ausdruckspsychologie. Ja, mit den Arbeiten des Tübinger Psychiaters Ernst Kretschmer (1921) über den Zusammenhang zwischen *Körperbau und Charakter* erlebte sogar die scheinbar längst untergegangene Physiognomik eine Art akademische Wiedergeburt. Diese fraglos ganz ernsthaften und sicher in bestem wissenschaftlichen Bemühen begonnenen Arbeiten wurden in Deutschland dann allerdings, völlig unbeabsichtigt und ungewollt, zum Wegbereiter für eine Reihe heute völliger vergessener, um nicht zu sagen verdrängter, Arbeiten, die der rassistischen Agitation im Deutschland der dreißiger und vierziger Jahre so etwas wie eine «theoretische» Fundierung lieferten (vgl. Efron, 1941:1 ff.; Ringer 1969:436). Und zwar für Maßnahmen, bei denen die Realität am Ende sogar noch die grausige Vision übertraf, die Lichtenberg den Kindern angekündigt hatte, für den Fall, daß die Physiognomik das würde, was der fromme Lavater von ihr erwarte.

Man kann sich leicht vorstellen, daß im Deutschland der Nachkriegszeit die Fortführung der psychodiagnostischen Erforschung des menschlichen Erscheinungsbildes nicht mehr sonderlich attraktiv war. Schwerer zu verstehen ist allerdings, weshalb das – nicht zuletzt auch intellektuelle – Desaster der dreißiger und vierziger Jahre für die Psychologie nicht zum Anlaß für ein grundlegendes Umdenken auf diesem Gebiet wurde. Denn der sich nun vor aller Augen offenbarende Irrweg der Ausdruckskunde hätte ja eigentlich zum Anlaß für eine neue Sicht der Dinge werden können.

Daß die dafür erforderliche geistige Kraft nicht aufgebracht und so die quasi dritte Chance zu einer theoretischen Neuorientierung vertan wurde, hängt wohl nicht zuletzt damit zusammen, daß die deutsche Psychologie nach dem Kriege praktisch völlig ins Kielwasser der amerikanischen Psychologie einschwenkte. Jedenfalls machte man sich auch hierzulande schon rasch die Position der amerikanischen Forscher zu eigen, derzufolge die Arbeit mit mimischen und gestischen Phänomenen sich eben nicht lohne, wenn diese doch, wie die empirischen Daten unzweideutig zeigten, für die Fragen der Psychodiagnostik nichts hergäben. Vereinzelte Versuche, die geistige Umorientierung doch noch zu initiieren, wie sie beispielsweise der Biologe Paul Leyhausen mit einem 1951 erschienenen, programmatisch *Einführung in die Eindruckspsychologie* betitelten Aufsatz unternahm, blieben praktisch ohne jede Resonanz. Und so dümpelte die Ausdruckspsychologie nach dem Kriege sozusagen noch eine Weile an den deutschen Universitäten. Anläßlich der im Jahre 1973 vollzogenen Neuordnung des Studienganges Diplompsychologie wurde sie dann aber kurzerhand von den Lehrplänen und aus der Prüfungsordung gestrichen. Mit diesem Schritt wurde die Ausdruckspsychologie dann auch offiziell als akademische Disziplin abgeschafft − ohne daß dieses Ereignis noch groß aufgefallen wäre (vgl. Jahnke, 1975:23).

5 Die kommunikations-theoretische Perspektive

So kam es denn auch, daß just zu dem Zeitpunkt, zu dem mit der Einführung des Fernsehens die visuelle Zeitenwende auf dem Gebiet der Kommunikationstechnik vonstatten ging, die Psychologie die Untersuchung der mit dem Auge rezipierten Aspekte des menschlichen Interaktionsverhaltens als unnütz aufgab. Mit diesem Schritt stellte sich die Disziplin nun aber wiederum ins Abseits. Denn außerhalb der Psychologie mochte fast niemand glauben, daß es sich bei der in jeder zwischenmenschlichen Begegnung zu beobachtenden gestischen und mimischen Aktivität um belanglose Epiphänomene des menschlichen Verhaltens handle, deren Untersuchung sich nicht lohne. Die völlige Preisgabe des einstigen Kerngebiets der Psychologie rief denn auch bereits in den fünfziger Jahren zahlreiche Untersucher aus anderen Disziplinen der Verhaltenswissenschaften auf den Plan, die damit begannen, die in der Face-to-Face-Situation dargebotene Bewegungsaktivität unter dem Blickwinkel kommunikativer Verständigungsprozesse zu betrachten (Birdwhistell, 1952; Ruesch and Kees, 1956; Hall, 1959; Goffman, 1959).

Den Anstoß dazu hatte der wahrhaft epochemachende Aufsatz *A Mathematical Theory of Communication* des amerikanischen Ingenieurs und Mathematikers Claude Shannon (1948) gegeben, der die Untersuchung kommunikativer Austauschprozesse auch in den Humanwissenschafen auf die Agenda setzte. Ursprünglich als ein Modell zur Erklärung der Funktionsmechanismen der technischen Kommunikation konzipiert und von Shannon selbst als *nur dafür* gültig erklärt, wurde dieses Konzept – vor allem unter dem Einfluß des Wissenschaftsmanagers Warren Weaver (1949a, 1949b), des Kybernetikers Norbert Wiener (1948, 1950) und des Psychologen George A. Miller (1953, 1956, 1968) – schon bald als ein allgemeines Modell der Kommunikation angesehen, das jedwede Form kommunikativer Austauschprozesse erklären könne, einschließlich derjenigen, die in der Humankommunikation ablaufen[7].

Unabdingbare Voraussetzung für das Funktionieren dieser – in der

---

7 Zur Rezeptionsgeschichte des Shannon'schen Konzepts in den Geisteswissenschaften vgl. Frey, 1999.

technischen Kommunikation mit großem Erfolg angewandten – Prozedur ist die vorherige, Sender und Empfänger bindende, Übereinkunft über die Spezifika des Kodes, der das Enkodierungs- und Dekodierungsprozedere regelt. Genau diese Bedingung ist jedoch, wie wir heute wissen, in der Humankommunikation gerade *nicht* erfüllt. Anders als dies die klassische Kommunikationstheorie angenommen hatte, wird die zwischenmenschliche Verständigung überhaupt nur zum Teil über Kodesysteme abgewickelt, bei denen, wie dies etwa für die Laut- und Schriftsprache, aber auch für die technische Kommunikation, gilt, explizite Kodevereinbarungen die semantische Beziehung zwischen Zeichen und Bezeichnetem regeln. Gerade der Informationsaustausch beim Menschen stützt sich vielmehr in hohem Maße auf Zeichensysteme, denen keinerlei linguistische Konvention zugrundeliegt.

Hauptträger dieses zweiten, nichtverbalen Referenzsystems sind die mit dem Auge rezipierten visuellen Stimuli, also Gestik, Mimik Körperhaltungen, sowie die statischen Merkmale des äußeren Erscheinungsbildes. Diese Phänomene sind ein so unmittelbarer Bestandteil des kommunikativen Geschehens, daß wir sie im Alltag als einen ganz natürlichen Aspekt der zwischenmenschlichen Verständigung erleben. Doch abgesehen von der sehr kleinen Anzahl von Bewegungsmustern, die – wie beispielsweise ein «Schulterzucken» oder ein «Kopfschütteln» – bestimmte Redefloskeln ersetzen, steht uns für die Deutung der sprachbegleitenden Bewegungsaktivität kein Duden, kein Lexikon zur Verfügung, in dem wir den geheimen Sinngehalt von Gestik, Mimik, Körperhaltung nachschlagen könnten.

Gleichwohl «reagieren wir», wie es der Anthropologe Edward Sapir ausdrückte, in der zwischenmenschlichen Verständigung «auf Gesten mit einer geradezu extremen Sensitivität und, so könnte man fast sagen, in Übereinstimmung mit einem sorgfältig ausgearbeiteten, aber geheimen Kode, der nirgendwo aufgeschrieben ist und den niemand kennt» (Sapir, 1973:556). Während somit für den verbalen Anteil des Kommunikationsverhaltens explizite, Sender und Empfänger bindende Bedeutungsrelationen vorliegen, gibt es hinsichtlich der großen Mehrzahl der in Interaktionsituationen dargebotenen Bewegungsaktivität keinerlei verbindliche Sprachregelung. Die «Dekodierung» dieser Stimuli beruht dementsprechend auf keiner wie auch immer gearteten linguistischen Vereinbarung. Deren Lesart wird vielmehr vom Rezipienten quasi eigenmächtig, ohne jede Rücksprache mit dem Sender, verfügt.

Daß diese, im klassischen Shannon'schen Modell gar nicht denkbare, Form der Kommunikation die Verständigungsprozesse im Humanbereich zutiefst prägt, hatte als erster der amerikanische Philosoph und Begründer der Semiotik, Charles Morris erkannt. Allein schon wegen der Empfindlichkeit des sensorischen Apparats für Umweltreize, so argumentierte Morris, fließe dem menschlichen Empfänger weit mehr sensorische Stimulation aus seinem sozialen Umfeld zu, als dieser jemals auswerten und speichern könne. Die auf Senderseite generierten Zeichen seien deshalb auch überhaupt nur insoweit kommunikativ relevant, als der Empfänger ihnen Bedeutung beimesse: «Etwas ist ein Zeichen nur deshalb, weil es von jemandem als ein Anzeichen für etwas gedeutet wird» (Morris, 1938/1971:20). Umgekehrt könne freilich jedes belanglose, vom Sender gänzlich unbeabsichtigt dargebotene Verhalten von erheblicher Tragweite für den Verlauf des kommunikativen Prozesses werden, falls dieses in den Augen des Betrachters als bedeutungsvoll angesehen werde.

Die zentrale Aufgabe bei der Erforschung menschlicher Kommunikationsprozesse war für Morris denn auch nicht etwa eine Bestandsaufnahme der semantischen und syntaktischen Vereinbarungen zwischen Sender und Empfänger, sondern die Untersuchung der Deutungsgewohnheiten des Rezipienten, der eben nicht nur den akustisch, sondern auch den optisch wahrgenommenen Verhaltensanteilen seines Gegenübers Beachtung schenkt. In seinem bereits zehn Jahre vor Shannons mathematischer Kommunikationstheorie veröffentlichten Entwurf einer allgemeinen Zeichentheorie wollte Morris die Untersuchung kommunikativer Prozesse beim Menschen denn auch gewissermaßen von hinten, vom Empfänger her, aufgerollt wissen. Die sinnstiftende, die Außenreize interpretierende Tätigkeit des *Rezipienten* erachtete er dabei als so bedeutsam, daß er für deren Untersuchung sogar die Schaffung einer neuen, von ihm als *Pragmatik* bezeichneten, wissenschaftlichen Disziplin vorschlug, die sich speziell mit der «Beziehung zwischen den Zeichen und ihren Interpreten» zu befassen habe.

5.1 Das Methodenproblem

Insoweit es um die Analyse technischer Kommunikationsprozesse geht, kann der von Morris als zentrales Problem hervorgehobene pragmatische Aspekt der Informationsverarbeitung selbstverständlich völlig außer Betracht bleiben, ohne daß das Verständnis des Kommunikationsgeschehens darunter leiden würde. Denn anders als in der Humankommunikation ist in der technischen Kommunikation durch geeignete Konstruktions- und Kontrollmaßnahmen jederzeit sichergestellt, daß der technische Empfänger die bei ihm eingehenden Signale nicht etwa eigenmächtig deutet, sondern sich sozusagen sklavisch an die semantischen Konventionen hält, die die Beziehung zwischen Zeichen und Bezeichnetem regeln. Die große Popularität der These von der Allgemeingültigkeit des Shannon'schen Kommunikationsmodells hat sicherlich mit dazu beigetragen, daß die besondere Relevanz der pragmatischen Komponente der zwischenmenschlichen Verständigung erst spät erkannt wurde. Sie war allerdings nicht der einzige Grund, weshalb fast ein halbes Jahrhundert verging, bevor die von Morris skizzierte Forschungsaufgabe überhaupt in Angriff genommen wurde. Als viel hemmender für die Untersuchung der Frage, welche pragmatische Bedeutung Gestik, Mimik, Körperhaltung im Auge des Betrachters annehmen, erwiesen sich die gravierenden methodischen Probleme, die sich allein schon bei der Beschreibung des natürlichen menschlichen Bewegungsverhaltens stellen.

Zunächst unter dem Stichwort *kinesics* (Birdwhistell, 1952), später unter der Bezeichnung *nonverbal communication* (Ruesch and Kees, 1956) hatten in den fünfziger Jahren zahlreiche Untersucher die empirische Erforschung der in Gesprächssituationen zu beobachtenden Bewegungsaktivität in Angriff genommen. Dabei stellte sich allerdings schon rasch heraus, daß die Ausdruckspsychologie nicht nur in theoretischer, sondern auch in methodologischer Hinsicht über die Jahrhunderte hinweg nicht vom Fleck gekommen war. Denn das für den ausdruckspsychologischen Ansatz charakteristische Versäumnis, zwischen Schein und Sein gedanklich zu trennen, hatte in methodischer Hinsicht die Konsequenz, daß die Verfahren, die zur empirischen Erfassung des mimischen und gestischen «Ausdrucks» entwickelt worden waren, fast durchweg auf bloß impressionistisch fixierten Beschreibungseinheiten gründeten, die mehr über den Eindruck des Betrachters aussagten als über das Verhalten, durch das er veranlaßt worden war.

Auf diese Weise hatte die Ausdruckspsychologie, trotz ihrer zwei Jahrtausende zurückreichenden Beschäftigung mit der Thematik, kein Beschreibungsverfahren hervorgebracht, das in der Lage gewesen wäre, die komplexe Körperbewegung in einem Datenprotokoll so abzubilden, daß auf der Grundlage dieses Protokolls die ursprüngliche

Bewegung wieder hätte reproduziert werden können, wie dies beispielsweise im Falle der Sprache mit Hilfe der Lautschrift, im Falle der Musik mit Hilfe der Notenschrift möglich ist. Die Untersucher, die in den fünfziger Jahren angetreten waren, die Geheimnisse der «Körpersprache» zu lüften, standen daher auch zunächst einmal in der wenig beneidenswerten Situation eines Analphabeten, der das Sprachverhalten erforschen will: Gerade so wie der Analphabet Sprachäußerungen sehr gut hören und verstehen, aber nicht niederschreiben kann, konnte ein Untersucher, dessen Forschungsinteresse sich auf das nonverbale Verhalten richtete, die von den Gesprächspartnern dargebotene Bewegungsaktivität zwar durchaus differenziert wahrnehmen (und im Sinne unbewußter Schlüsse auch interpretieren), aber nur höchst undifferenziert beschreiben.

Die methodischen Bemühungen der sechziger und siebziger Jahre galten dementsprechend vor allem der Suche nach einem leistungsfähigen Kodierungsprinzip, das es gestatten würde, das menschliche Bewegungsverhalten in der ganzen Vielgestaltigkeit, in der es sich in Interaktionssituationen dem Auge des Betrachters präsentiert, in einem Datenprotokoll niederzulegen. Allein schon wegen der Komplexität der natürlichen Bewegung, bei der sich eine Vielzahl gleichzeitiger Veränderungen in Gestik, Mimik, Körperhaltung zu einem komplizierten, empirisch schwer faßbaren Verhaltensablauf summieren, schien diese Aufgabe vielen Untersuchern zunächst gar nicht lösbar. So vertrat etwa Davis (1972) die Auffassung, die nonverbale Komponente des Kommunikationsverhaltens lasse sich grundsätzlich nur ganz rudimentär beschreiben. Denn es liege geradezu «in der Natur des Bewegungsgeschehens, daß es flüchtig und durch Worte schwer zu fassen ist» (Davis, 1972:10). Andere Autoren meinten gar, die symbolische Repräsentation des nonverbalen Verhaltens sei dermaßen schwierig, daß die Wissenschaft vor diesem Problem schlichtweg kapitulieren müsse: «Die Aufgabe, Kodierungssysteme für diese Verhaltensweisen zu konzipieren», so resümierte beispielsweise die Linguistin Mary Ritchie Key eine noch in den siebziger Jahren weit verbreitete Ansicht, «bringt selbst die einfallsreichsten Personen, oder Gruppen von Personen, zum Scheitern» (Key, 1977:55).

Dabei hätte das bereits in der Antike erfolgreich abgeschlossene Bemühen um die schriftliche Dokumentation der Sprache eigentlich zu einer weniger pessimistischen Beurteilung der Grenzen und Möglichkeiten der Verschriftlichung nonverbalen Verhaltens Anlaß geben müssen. Auch die Niederschrift der von *homo sapiens* unentwegt produzierten Lautäußerungen war den Menschen früherer Epochen ja alles andere als leicht gefallen. Über lange Zeiträume hinweg galt das Problem der schriftlichen Fixierung des Sprachverhaltens sogar als eine so schwierig zu lösende Aufgabe, daß wir die Erfindung einer Schriftsprache heute als ein konstituierendes Merkmal für eine Hochkultur werten. Und doch erwies sich, nachdem die Lösung erst einmal gefunden war, die Verschriftlichung verbaler Äußerungen am Ende als so einfach, daß wir das Verfahren, mit dessen Hilfe sich das Sprachverhalten in seinem ganzen Variationsreichtum zu Papier bringen läßt, heute ohne weiteres sechsjährigen Kindern beibringen können. Insoweit das für die Sprachdokumentation erfolgreich angewandte Notationsverfahren sich auch für die Bewegungsbeschreibung nutzbar machen ließe, mußte daher auch die Verschriftlichung des nonverbalen Aspekts der Kommunikation möglich sein.

5.11 Semantische oder nonsemantische Kodierung nonverbalen Verhaltens?

Es gehört zu den eindrücklichsten Erfahrungen, die man als westlicher Besucher in Japan machen kann, zu erleben, daß Japaner in der Lage sind, den Inhalt chinesischer Tageszeitungen und Bücher weitgehend zu verstehen, selbst wenn sie kein einziges Wort dieser Sprache kennen. Dieselben Menschen, die diese verblüffende Leistung vollbringen, sind allerdings nicht imstande, auch nur den einfachsten chinesischen Satz zu verstehen, wenn dieser ihnen *mündlich* mitgeteilt wird. Ja, sie könnten ihn nicht einmal niederschreiben, selbst wenn sie mit den chinesischen Schriftzeichen (Kangxi) und deren Bedeutung durchaus vertraut sind.

Im Gegensatz hierzu hätten Deutsche, die nur ihre Muttersprache beherrschen, nicht die Spur einer Chance, den Inhalt eines fremdsprachigen Buches zu verstehen. Andererseits könnten sie jedoch durchaus daraus vorlesen, was wiederum für Japaner, die kein Chinesisch gelernt haben, mit chinesischen Texten ein Ding der Unmöglichkeit wäre. Als Mitglieder der westlichen Kultur sind wir sogar in der Lage, einen gesprochenen Text zu protokollieren, der uns in einer uns unbekannten Sprache, sagen wir, auf Lateinisch, diktiert wird. Ja, wir könnten den von uns niedergeschriebenen Text auch wieder so gut vorlesen, daß man meinen könnte, wir verstünden, was wir da reden.

Die Weichenstellung für die Entstehung derart tiefgreifender kultureller Unterschiede war bereits im Neolithikum, im Zuge der Entstehung der Schriftsprachen, erfolgt. Im östlichen Kulturkreis wurden zum Teil bis heute die zuerst im südmesopotamischen und ägyptischen Raum entstandenen «ideographischen» Notationssysteme beibehalten, die direkt auf den *semantischen* Gehalt des Gesagten rekurrieren, den phonetischen Aspekt der Sprache jedoch völlig außer Betracht lassen. Im Gegensatz hierzu setzte sich in der westlichen Hemisphäre mit dem Alphabet in seinen verschiedenen Spielarten ein *nonsemantisches* Notationsverfahren durch, das Sprachaussagen ohne jeden Bezug auf deren inhaltliche Bedeutung, als bloße Folge von Lautketten und Pausen, verschriftlicht.

Allerdings hat sich selbst in unserer westlichen Kultur das Prinzip der nonsemantischen Kodierung von Sprachaussagen nicht völlig durchgesetzt. Insoweit wir beispielsweise bei der Notation von Zahlwörtern auf das arabische Zahlensystem zurückgreifen, bedienen wir uns eines Kodes, der die Zahlbegriffe *semantisch* kodiert – und damit von der Lautbildung unterschiedlicher Sprachen völlig unabhängig macht. Dasselbe Zeichen – sagen wir, die Zahl «1», die auf arabisch «wahid» lautet – kann deshalb unmittelbar von Deutschen, Engländern, Franzosen usw. verstanden werden, obwohl die Lautbildungen, die den Begriff in der Sprache dieser Länder repräsentieren, völlig unterschiedlich sind. Im Hinblick auf unseren Umgang mit Zahlen vollbringen wir somit leichthin dieselben erstaunlichen Leistungen, zu denen Japaner im Umgang mit chinesischen Texten fähig sind. Und wie diese wären wir, falls wir nicht arabisch können, völlig ratlos, wenn uns dieselbe Mitteilung in der lautsprachlichen Form «wahid» präsentiert würde.

Insoweit der mit der Protokollierung des Sprachverhaltens betraute Kodierer die semantische Beziehung zwischen Zeichen und Bezeichnetem kennt, kann die Entscheidung für oder gegen ein semantisches oder nonsemantisches Kodierungsverfahren nach rein praktischen Gesichtspunkten gefällt werden. Daß sich in weiten Teilen der Welt das von den Phöniziern entwickelte alphabetische Kodierungsprinzip durchgesetzt hat, liegt in erster Linie an dessen Sparsamkeit. Die meisten Alphabete kommen mit weniger als 30 verschiedenen Zeichen aus, während semantische Systeme, wie das Beispiel der chinesischen Schrift zeigt, sehr rasch unhandlich werden: «Das K'anghsi (Kangxi) Lexikon aus dem Jahre 1716 enthält 40 545 unterschiedliche Zeichen; Morohashi's neues Lexikon enthält nahezu fünfzigtausend... Wenn wir alle Zeichen zusammentragen würden, die jemals existierten, so würde, sagt man, die Gesamtzahl achtzigtausend erreicht» (Martin, 1972:83).

Im Hinblick auf die Deskription des *nonverbalen* Aspekts der Kommunikation besteht die Option der semantischen Kodierung allerdings gar nicht, da die inhaltliche Bedeutung dieser Verhaltensphänomene ja überhaupt erst ermittelt werden soll. Es war fraglos das Verhängnis der Ausdruckspsychologie, daß sie nicht erkannte, daß die Strategie der direkten semantischen Kodierung im Falle der nonverbalen Kommunikation in eine Sackgasse führen mußte. Denn die zur Entschlüsselung der Bedeutung nonverbalen Verhaltens nötige Abklärung der pragmatischen Beziehungen zwischen Zeichen und Bezeichnetem konnte gar nicht gelingen, solange kein *nonsemantisches* Kodierungssystem zur Verfügung stand. Die vorschnelle Verwendung semantischer Kodekategorieren führte vielmehr dazu, daß der Kodierer impressionistisch zu entscheiden hatte, ob und inwieweit einer Person aufgrund ihres nonverbalen Verhaltens ein bestimmtes psychologisches Attribut, wie etwa «ängstlich», «gehemmt», «mitfühlend», «dominant» usw. zuzuordnen sei. Auf diese Weise wurde zwar ermittelt, wie das Verhalten des Beobachteten auf den Beobachter «wirkte». Es blieb jedoch völlig im Dunkeln, welche konkreten Aspekte des komplexen Verhaltens diesen Eindruck hervorgerufen hatten. Ja, man konnte, in Ermangelung eines nonsemantischen Beschreibungssystems, noch nicht einmal über die elementare Frage Auskunft geben, wie das Verhalten der Person, die als «ängstlich», «gehemmt» usw. eingestuft worden war, denn konkret aussah.

Die Problemstellung, mit der sich der Kodierer bei der Dokumentation der nonverbalen Kommunikation konfrontiert sieht, ist daher auch grundlegend verschieden von der einer normalen Sprachtranskription. Sie entspricht vielmehr dem Problem, wie es sich bei dem Versuch stellt, den Kode einer geheimen, beispielsweise über Funk ausgestrahlten, Nachricht zu knacken. Da in diesem Falle die semantische Beziehung zwischen Zeichen und Bezeichnetem dem Kodierer nicht bekannt ist, wäre es geradezu frivol, ihn damit zu beauftragen, den semantischen Inhalt der Botschaft mitzuschreiben. Um die verschlüsselte Nachricht überhaupt dokumentieren zu können, bedarf er vielmehr eines nonsemantischen Kodes, der eben nicht schon voraussetzt, daß deren Inhalt vom Protokollanten verstanden wird.

Nun bietet zwar die erfolgreiche Mitschrift der verschlüsselten Signale noch keineswegs die Gewähr dafür, daß deren Entzifferung gelingen wird. Der Versuch der Entschlüsselung kann vielmehr, wie eine Vielzahl von Beispielen aus dem Bereich der Kryptographie zeigen, durchaus zu einer außerordentlich schwierigen und langwierigen Aufgabe werden. Ohne ein verläßliches Protokoll der tatsächlich ausgestrahlten Signale wäre jedoch jeder Versuch der Aufklärung des Inhalts der Botschaft ein schon von vorneherein aussichtsloses Unterfangen.

Um die schon so lange zu verzeichnende Stagnation der Forschung auf dem Gebiet der nonverbalen Kommunikationsforschung überhaupt überwinden zu können, war die Entwicklung eines nonsemantischen Notationssystems denn auch unabdingbar. Denn erst dadurch würde es möglich, die in Interaktionssituationen dargebotene Bewegungsaktivität in ihren vielfältigen Bestandteilen niederzuschreiben, um dann in einer nachfolgenden Analyse den versteckten pragmatischen Zusammenhängen auf die Spur zu kommen. Die in der zweiten Hälfte des Jahrhunderts neu begonnenen Forschungsarbeiten galten dementsprechend zunächst einmal der Aufgabe, ein Kodierungsverfahren zu entwickeln, das es gestatten würde, die nonverbale Komponente des Kommunikationsverhaltens nach dem Vorbild der alphabetischen Sprachnotation nonsemantisch, d. h. ohne jeglichen Rückgriff auf die inhaltliche Bedeutung des zu untersuchenden Verhaltens, zu dokumentieren.

5.12 Der Kniff des Alphabets

Nach einer Übersicht von Gair (1971) sind weltweit gegenwärtig etwa fünfzig verschiedene alphabetische Notationssysteme im Gebrauch. Sie unterscheiden sich zwar voneinander im historischen Ursprung, im Erscheinungsbild und selbst in der Anzahl der Symbole, die sie für die Sprachtranskription bereitstellen. Sie basieren jedoch alle auf dem Prinzip der Verwendung «eines Symbols oder Buchstabens für jeden Laut, der in einer Sprache vorkommt» (Gair, 1971:588). Die beeindruckende Leistungsfähigkeit der alphabetischen Schriftsprache resultiert nun aber keineswegs aus der genauen Unterscheidung der einzelnen Sprachlaute. Die Erfassung der Lautkomponente allein läßt vielmehr die Sprachaussage völlig undefiniert und zwar unabhängig davon, wie differenziert die Unterschiede zwischen den einzelnen Sprachlauten wiedergegeben werden. Die Erstellung eines alphabetischen Transkripts verlangt vom Kodierer die Zerlegung des Sprechverhaltens in seine phonetischen und zeitlichen Komponenten.

Durch die Zerlegung verbaler Äußerungen in eine phonetische und in eine zeitliche Dimension wird es zum einen möglich, jede nur denkbare sprachliche Mitteilung differenziert und zuverlässig zu erfassen. Zum andern läßt sich auf diese Weise auch das Problem der Niederschrift selbst radikal vereinfachen. Zur Erfassung der Lautkomponente stellen Alphabete dem Kodierer jeweils einen Zeichensatz zur Verfügung, der wegen seines geringen Umfangs so leicht zu memorieren ist, daß er praktisch von jedermann erlernt werden kann[8]. Um die Forderung nach der Erfassung der Zeitstruktur der Sprache zu erfüllen, muß der Kodierer sich lediglich strikt an die Konvention halten, Lautsymbole in Zeilen (oder in Kolonnen), beispielsweise von links oben nach rechts unten (oder umgekehrt), abzulegen. Auf diese Weise wird automatisch jeder Laut mit einem Zeitvektor versehen, der den Ort, den dieser innerhalb der Sprachaussage einnimmt, eindeutig definiert. Erst durch die auf diese Weise erreichte Trennung der lautlichen und zeitlichen Komponenten des Sprachverhaltens wird es möglich, Sprachaussagen beliebigen Umfangs und beliebiger Komplexität, mit Hilfe eines vergleichsweise winzigen Zeichensatzes hochdifferenziert und zuverlässig zu beschreiben.

Der Kniff bei der Verschriftlichung der Sprache besteht denn auch darin, daß die komplexe Sprachäußerung in zwei Dimensionen gleichzeitig kodiert wird. Die bivariate Fixierung der Sprache als *Laut-Zeit-Reihe* kann man sich leicht vor Augen führen, indem man – wie dies Abbildung 1 versinnbildlicht – jeweils eine der beiden Kodierungsdimension eliminiert. Ignoriert man die im Transkript enthaltene Information über die Zeitstruktur der Sprache, so zerfällt die Gesamtinformation sofort in ein undefinierbares Aggregat von Lautsymbolen – obwohl die phonetische Information in vollem Umfang erhalten geblieben ist. Umgekehrt bleibt bei Eliminierung der phonetischen Information nur noch das im Transkript niedergelegte Wissen über die Zeitstruktur der Sprache erhalten, d. h. über die Anzahl und die Dauer der Vokalisierungen und Pausen. Die Sprachaussage selbst ist durch diese Information natürlich ebenfalls völlig undefiniert.

---

8 Manche Alphabete, so etwa das Hawaiische, bestehen aus nicht mehr als zwölf Zeichen. Selbst das Internationale Phonetische Alphabet (IPA), das der Erfassung sämtlicher Nuancen der Lautbildung dienen soll, die sich in den unterschiedlichen Sprachen der Welt finden, verfügt über ein Repertoire von nur etwa hundert Zeichen (vgl. Moses, 1964:216f.).

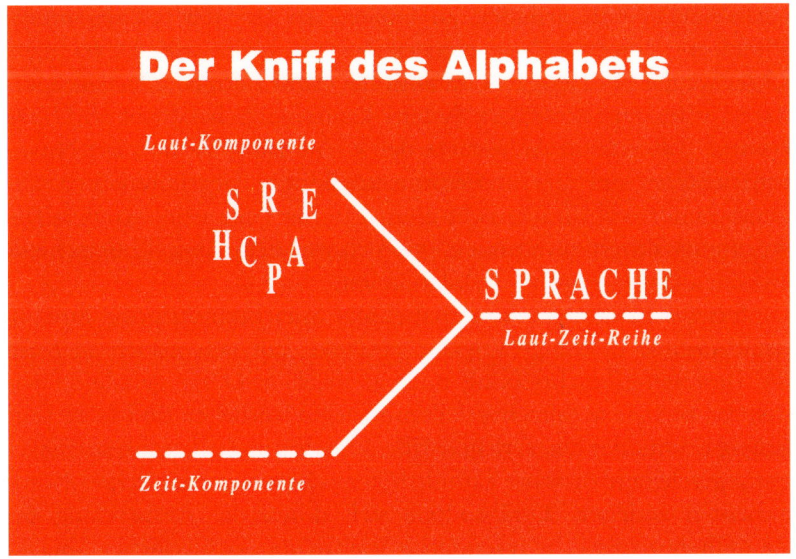

Abbildung 1: Zweidimensionale Kodierung der Sprache als Laut-Zeit-Reihe.

5.13 Positions-Zeitreihen als Grundlage der nonsemantischen Bewegungsnotation

Die Leichtigkeit und Unmittelbarkeit, mit der unser optischer Apparat auf die Bewegung von Objekten anspricht, könnte einen glauben machen, es handle sich dabei um ein elementares, nicht weiter zerlegbares Phänomen der visuellen Wahrnehmung. Und doch sehen wir Bewegungen, wie wir spätestens seit der Erfindung der Filmkamera wissen, nicht «direkt». Sie sind vielmehr das Ergebnis einer höchst komplexen – allerdings sehr schnell und von unserem Bewußtsein unbemerkt ablaufenden – Schlußfolgerung, die sich auf den Vergleich unterschiedlicher Positionszustände des Beobachtungsobjektes stützt.

«Bewegung» ist Positions*änderung* über die Zeit. Um überhaupt von einer Bewegung sprechen zu können, braucht man Informationen über mindestens zwei Positionszustände zu zwei Zeitpunkten. Andererseits kann man zur Definition einer Bewegung aber auch beliebig viele Informationen über die raum-zeitlichen Zustände des Beobachtungsobjekts heranziehen. Insofern wäre es illusorisch, die schriftliche Dokumentation des Bewegungsverhaltens auf ein Beschreibungssystem gründen zu wollen, das für jede visuell unterscheidbare Bewegung ein eigenes Zeichen bereitstellt. Denn allein schon wegen des riesigen Umfangs des dafür nötigen Zeichenrepertoires, wäre ein derartiges System kaum noch handhabbar. Hinzu kommt, daß man in Anbetracht der Vielgestaltigkeit und des Nuancenreichtums der in Interaktionssituationen dargebotenen Bewegungsmuster wohl noch nicht einmal in der Lage wäre, so viele Bewegungsetiketten zu erfinden, wie sich mit dem Auge Unterschiede zwischen Bewegungen feststellen lassen.

Derselbe Kniff, dem die alphabetische Sprachtranskription ihre beeindruckende Leistungsfähigkeit verdankt, läßt sich jedoch auch für die Bewegungsbeschreibung nutzbar machen. Denn gerade so wie sich das komplexe Sprachverhalten in seine lautlichen und seine zeitlichen Komponenten zerlegen läßt, kann man das komplexe Bewegungsgeschehen in seine räumlichen und in seine zeitlichen Komponenten zerlegen. Und so wie sich durch die Anwendung des Zeitreihenprinzips die unendliche Vielfalt unterschiedlicher Sprachaussagen mit Hilfe eines vergleichsweise geringen Zeichensatzes hochdifferenziert und zuverlässig beschreiben läßt, kann man das dynamische Bewegungsgeschehen, wie wiederum das Beispiel des Films verdeutlicht, mit Hilfe einer Zeitreihe statischer Positionszustände zuverlässig und detailgetreu abbilden.

Um der buchstäblich unlimitierten Vielfalt nonverbaler Verhaltensmuster gerecht werden zu können, bietet es sich daher an, das fließende Bewegungsgeschehen, nach dem Vorbild der alphabetischen Sprachnotation, bivariat zu kodieren. Dabei stellt sich allerdings das Problem, daß das in Interaktionssituationen dargebotene nonverbale Verhalten eine im Vergleich zur Sprache noch weitaus höhere Komplexität aufweist. Denn während die Sprachvariation aus nur einer Quelle, nämlich dem Mund, gespeist wird, sind am Zustandekommen der Bewegungsvariation mehrere Körperteile gleichzeitig beteiligt. Die Wahrnehmungs-, Beurteilungs- und Notationsaufgaben, die sich im Zusammenhang mit der Verschriftlichung der nonverbalen Komponente des Kommunikationsverhaltens stellen, sind daher in der Regel zu umfangreich und müssen zu schnell erfolgen, um eine direkte Protokollierung zu gestatten. Mehr noch als im Falle der Sprache ist daher die Zwischenspeicherung des flüchtigen Bewegungsgeschehens auf Film- oder Videoband unerläßlich.

Das Problem der schriftlichen Dokumentation der natürlichen menschlichen Bewegung präsentiert sich in der Praxis somit als die

Aufgabe, die auf einem Videoband gespeicherte Information in ein Datenprotokoll zu transkribieren. Hinsichtlich der Erfassung der zeitlichen Dimension der Bewegung stellen sich dem Kodierer keinerlei Probleme, da dieser Aspekt durch die Einblendung einer Zeitreferenz, die jedes einzelne Videoframe adressiert, direkt ablesbar wird. Die Genauigkeit und Zuverlässigkeit, mit der die Beschreibung des dynamischen Bewegungsgeschehens erfolgt, hängt somit einzig davon ab, ob und inwieweit es gelingt, die Unterschiede zwischen statischen Positionszuständen zu dokumentieren. Denn durch die strikte Trennung der räumlichen und zeitlichen Aspekte des Bewegungsgeschehens lassen sich beliebig komplexe Körperbewegungen mit exakt demselben Genauigkeitsgrad beschreiben, der hinsichtlich der Beschreibung statischer Positionszustände erreicht wird.

5.14 Das Berner System zur Beschreibung natürlicher menschlicher Bewegung

Die Bemühungen um die nonsemantische Kodierung der nichtsprachlichen Komponente des Kommunikationsverhaltens richteten sich denn auch bereits in den siebziger Jahren auf die Entwicklung eines Notationssystems zur Beschreibung der Positionskonfigurationen, die die Verlaufsstruktur des Bewegungsverhaltens definieren (Frey & Pool, 1976; Frey et al., 1979). Zielvorgabe war dabei die Schaffung eines Kodierungsverfahrens, das einerseits so geringe Anforderungen an die Diskriminationsleistung des Kodierers stellt, daß es – ähnlich dem Alphabet – von jedermann ohne großen Trainingsaufwand erlernbar und zuverlässig handhabbar ist. Andererseits sollte es eine so hochauflösende, detailgenaue Beschreibung von Körperhaltungen ermöglichen, daß sich auf der Grundlage der Positionskodierungen die ursprüngliche Bewegung wieder reproduzieren ließe – gerade so, wie sich auf der Grundlage eines alphabetischen Transkripts Sprachäußerungen wieder reproduzieren lassen.

Zumindest auf den ersten Blick stellt diese Aufgabe kaum geringere Probleme als die Bewegungsbeschreibung selbst. Denn in Anbetracht der Fülle von Körperhaltungen, mit denen sich der Kodierer einer Videoaufzeichnung konfrontiert sieht, bedarf er eines Notationsverfahrens, das ihm die Möglichkeit bietet, eine praktisch unendliche Vielfalt unterschiedlicher Positionskonfigurationen in ein Datenprotokoll zu überführen. Noch in den siebziger Jahren konnte allerdings ge-

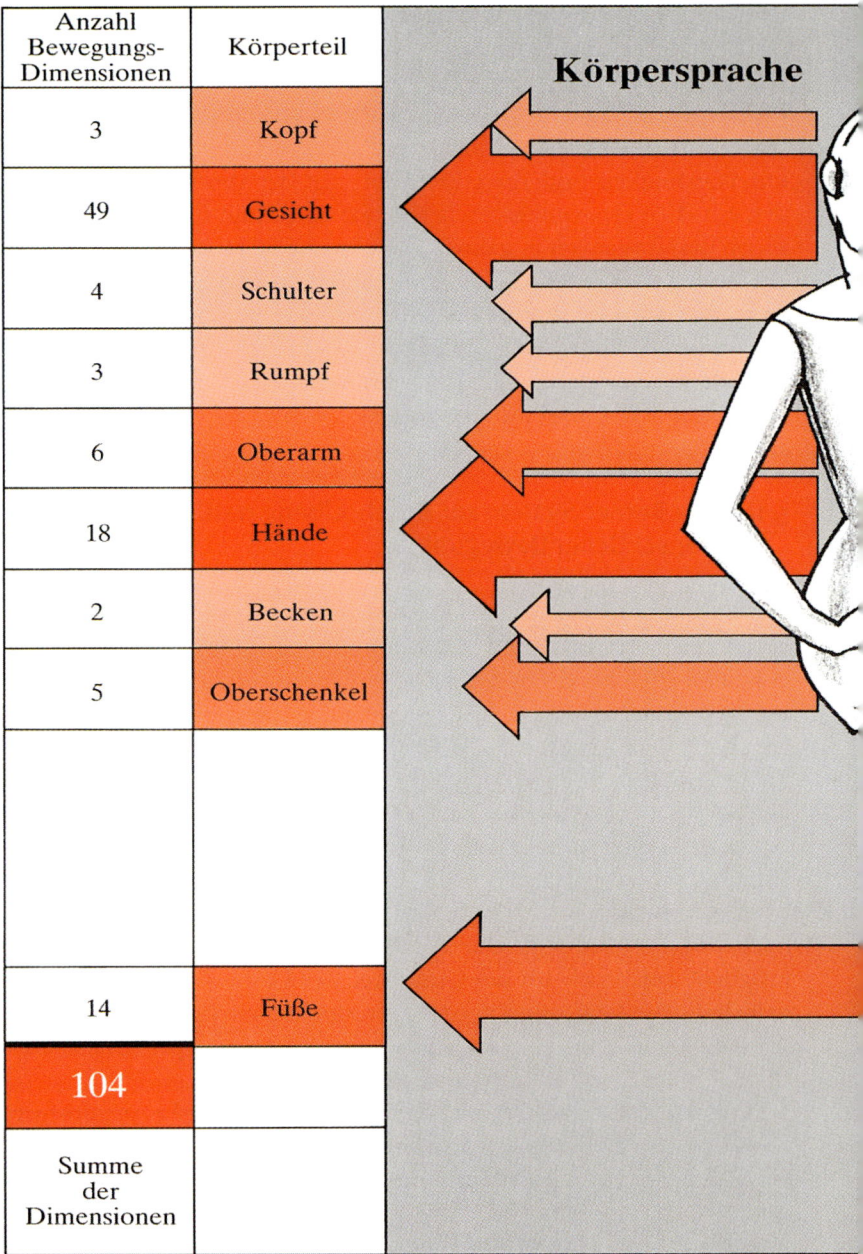

Anzahl Bewegungs-Dimensionen	Körperteil	Körpersprache
3	Kopf	
49	Gesicht	
4	Schulter	
3	Rumpf	
6	Oberarm	
18	Hände	
2	Becken	
5	Oberschenkel	
14	Füße	
104		
Summe der Dimensionen		

66 Abbildung 2: Freiheitsgrade der Körperbewegung (aus: Frey, 1984).

Lautsprache

Artikulations-modi	Anzahl phonetischer Dimensionen
Sprachlaute	1
Lautstärke	1
Stimmhöhe	1
Klangfarbe	6
	9
	Summe der Dimensionen

zeigt werden, daß sich diese Aufgabe prinzipiell lösen läßt, indem man die komplexe Körperhaltung in einem mehrdimensionalen Bezugsystem abbildet, dessen Kodierungsdimensionen den Bewegungsmöglichkeiten der einzelnen Körperteile entsprechen. Diese tragen in durchaus unterschiedlichem Ausmaß zur Verlaufsstruktur der Bewegungsvariation bei. Denn die Anzahl der Freiheitsgrade, die den Rahmen für die theoretisch möglichen Bewegungsmuster festlegen, variiert bei verschiedenen Körperteilen in erheblichem Umfang.

So erschöpfen sich beispielsweise die Bewegungsmöglichkeiten der Schultern in einem Heben/Senken sowie Vor- und Zurückschieben und müssen deshalb in lediglich zwei Dimensionen kodiert werden. Die Beschreibung der Bewegungsaktivität des Kopfes – den man gleichzeitig heben/senken, drehen und seitlich kippen kann – macht dagegen Positionskodierungen in einer sagittalen, einer rotationalen und einer lateralen Dimensionen erforderlich. Eine noch weitaus größere Anzahl von Freiheitsgraden weist das Bewegungsverhalten der Hände auf. Denn diese können sich gleichzeitig drehen, öffnen, in drei Richtungen beugen, sowie (vermittels Armbewegungen) nach oben/unten, links/rechts, und vorne/hinten verlagern. Um die große Vielfalt unterschiedlicher Handbewegungen erschöpfend beschreiben zu können, sind daher Positionsbestimmungen in einer entsprechend größeren Anzahl von Kodierungsdimensionen notwendig.

Aufbauend auf dem Prinzip der Aufschlüsselung der Momentankonfiguration der Körperhaltung in ihre einzelnen Komponenten wurde dann Anfang der achtziger Jahre mit dem *Berner System* zur Untersuchung nonverbaler Interaktion ein Notationssystem geschaffen, das es gestattet, beliebig komplexe Körperbewegungen nonsemantisch, als eine Zeitreihe statischer Positionskonfigurationen zu kodieren (Frey et al., 1981, 1983). Abbildung 2 resümiert, getrennt für die einzelnen Körperteile, die Kodierungsdimensionen, die der Positionskodierung zugrundegelegt werden. Diese addieren sich, wenn man die Bewegungsaktivität sämtlicher Körperteile erfaßt, auf insgesamt 55 Kodierungsdimensionen. Will man zusätzlich die mimische Aktivität erfassen, so kann man, einem Vorschlag des schwedischen Anatomen Carl-Herman Hjortsjö (1970) folgend, das Innervationsmuster der verschiedenen Gesichtsmuskeln kodieren, wie dies Ekman und Friesen (1978) versucht haben. In diesem Falle treten 49 weitere Kodierungsdimensionen hinzu, so daß sich das Beschreibungssystem auf insgesamt 104 Dimensionen erweitert.

Die verschiedenen Positionszustände, die *innerhalb* einer Kodierungsdimension unterschieden werden, lassen sich, wie dies Abbildung 3 am Beispiel des Kodes zur Beschreibung der Bewegungsvariation des Kopfes veranschaulicht, in der Regel als Abweichungen oder «Flexionen» von einer geradeaus orientierten, aufrechten Körperhaltung definieren. Da Bewegungen kontinuierlich verlaufen, sind in jeder Kodierungsdimension buchstäblich unendlich viele unterschiedliche Positionszustände denkbar. Während somit die Anzahl der Kodierungsdimensionen angebbar endlich ist – und deshalb erschöpfend beschrieben werden kann –, lassen sich die innerhalb einer Dimension möglichen Positionen grundsätzlich nur approximativ bestimmen.

Durch die Unschärfe der Positionsbestimmung innerhalb der einzelnen Dimensionen wird allerdings die Genauigkeit, mit der sich die räumliche Konfiguration der verschiedenen Körperteile beschreiben läßt, nur geringfügig beeinträchtigt. Der Grund dafür ist, daß sich das Auflösungsvermögen der Positionskodierung aus dem Produkt der Anzahl der Kodierungsdimensionen und der darin jeweils unterschiedenen Positionen ergibt. Würde man beispielsweise bei der Bestimmung von Kopfhaltungen zwischen lediglich drei Positionszuständen in jeder der drei Dimensionen unterscheiden (keine Flexion/Flexion in eine Richtung/in die Gegenrichtung) so könnte man – zu jedem Meßzeitpunkt – bereits zwischen $3 \times 3 \times 3 = 27$ unterschiedlichen Kopfhaltungen differenzieren. Erhöht man, entsprechend der in Abbildung 3 erfolgten Vorgabe, die Anforderungen an die Diskriminationsleistung des Kodierers um jeweils nur eine Flexionsstufe (starke/schwache Flexion), so kann man bereits zwischen $5 \times 5 \times 5 = 125$ verschiedenen Kopfhaltungen zu jedem Meßzeitpunkt unterscheiden.

Die Positionskodierung mit Hilfe des *Berner Systems* gewährleistet denn auch schon bei relativ niedrigen Anforderungen an die Diskriminationsleistung des Kodierers ein so hohes Auflösungsvermögen, daß sich ein intensives Kodierertraining in der Regel erübrigt. Abbildung 4 illustriert das Auflösungsvermögen des Kodes am Beispiel der Ergebnisse eines Experiments, bei dem die Körperhaltungen von insgesamt 40 zufällig ausgewählten Versuchspersonen auf der Grundlage der in den Datenblättern enthaltenen Positionsangaben reproduziert werden sollten (Frey and Pool, 1976). Die obere Hälfte der Abbildung zeigt dabei jeweils die Originalpositionen, die untere Hälfte die Positionen des menschlichen Modells, wie sie anhand der kodierten Daten rekonstruiert wurden. Wie aus Abbildung 4 unmittelbar ersichtlich wird, gestattet das Kodierungsprozedere eine so genaue Bestimmung der verschiedenen Positionskonfigurationen, daß es möglich wird, auf der Grundlage der in den Datenprotokollen niedergelegten Information die ursprünglichen Körperhaltungen wieder hochdifferenziert und zuverlässig zu rekonstruieren.

Die zeitliche Dimension der Bewegung läßt sich zudem noch genauer erfassen, als dies bei der alphabetischen Sprachtranskription möglich ist. Denn während ein alphabetisches Transkript nur die Reihenfolge der einzelnen Sprachlaute, aber nicht deren genaue Dauer wiedergibt, lassen sich die Zeitpunkte, zu denen die verschiedenen Positionskonfigurationen eingenommen werden, aufgrund der in der Videoaufzeichnung eingeblendeten Zeitreferenz exakt bestimmen. Insofern läßt sich auch im Hinblick auf die Abbildung der *Verlaufsstruktur* komplexer Bewegungsmuster ein Qualitätsstandard gewährleisten, der dem einer alphabetischen Sprachtranskription zumindest ebenbürtig ist. Mit der Entwicklung des *Berner Systems,* das auf dem der Sprachnotation entlehnten Prinzip der bivariaten Zeitreihenkodierung aufbaut, stand somit zu Beginn der achtziger Jahre erstmals ein nonsemantisches Notationsverfahren zur Verfügung, das es ermöglichte, das natürliche menschliche Bewegungsverhalten in seinem ganzen Detailreichtum in Form von Positionszeitreihen gewissermaßen zu buchstabieren.

Kodierungsschema für Kopfhaltungen
(5 Flexionsstufen pro Dimension)

Sagittal

stark gehoben
(Code: 5)

Rotational

gehoben
(Code: 3)

| stark rechts gedreht | rechts gedreht | aufrecht | links gedreht | stark links gedreht |
| (Code: 4) | (Code: 2) | (Code: 1) | (Code: 3) | (Code: 5) |

gesenkt
(Code: 2)

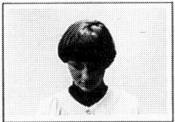

stark gesenkt
(Code: 4)

Lateral

| stark rechts gekippt | rechts gekippt | aufrecht | links gekippt | stark links gekippt |
| (Code: 4) | (Code: 2) | (Code: 1) | (Code: 3) | (Code: 5) |

Abbildung 3: Freiheitsgrade der Kopfbewegung (aus: Frey, 1984).

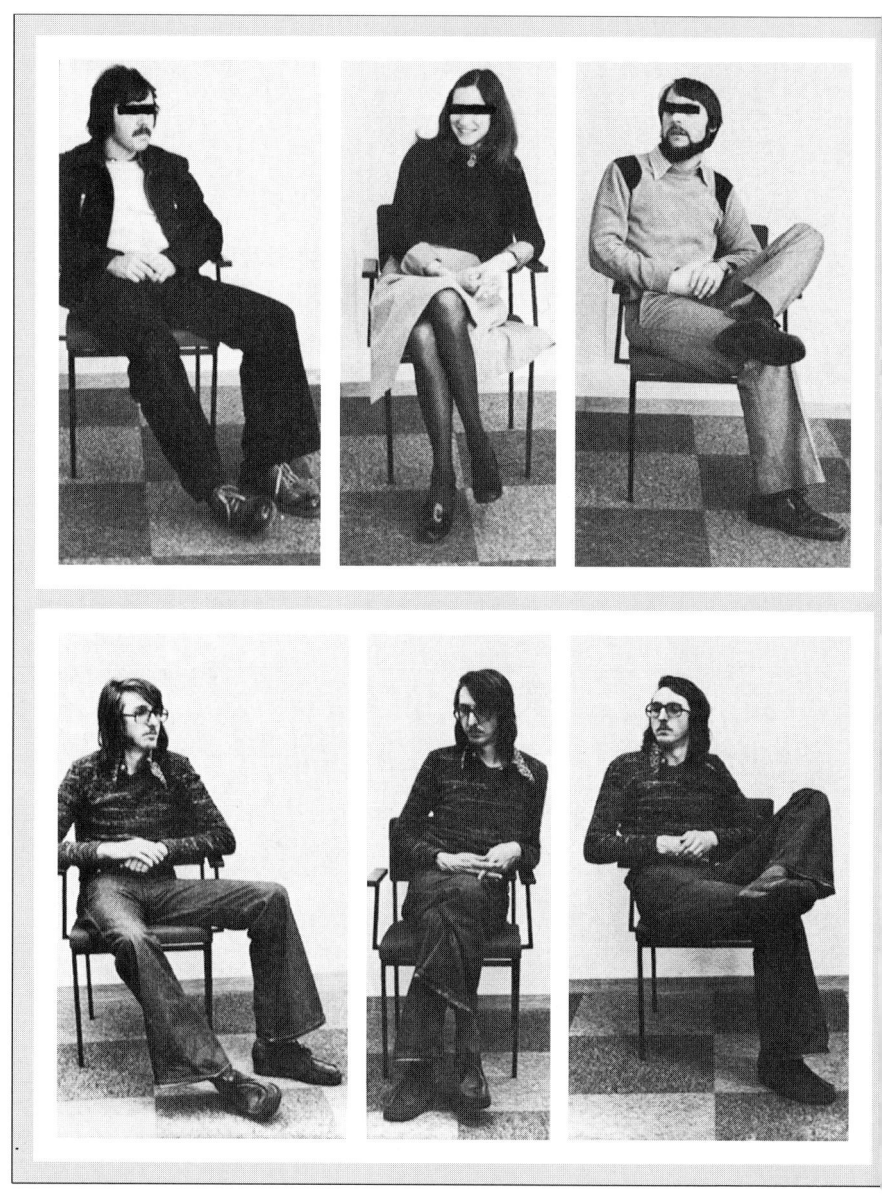

Abbildung 4: Das Auflösungsvermögen der Positionskodierung. Die obere Hälfte der Abbildung zeigt die Originalpositionen der Versuchspersonen, die untere Hälfte die anhand der Kodierungen rekonstruierten Positionen (aus: Frey, 1976).

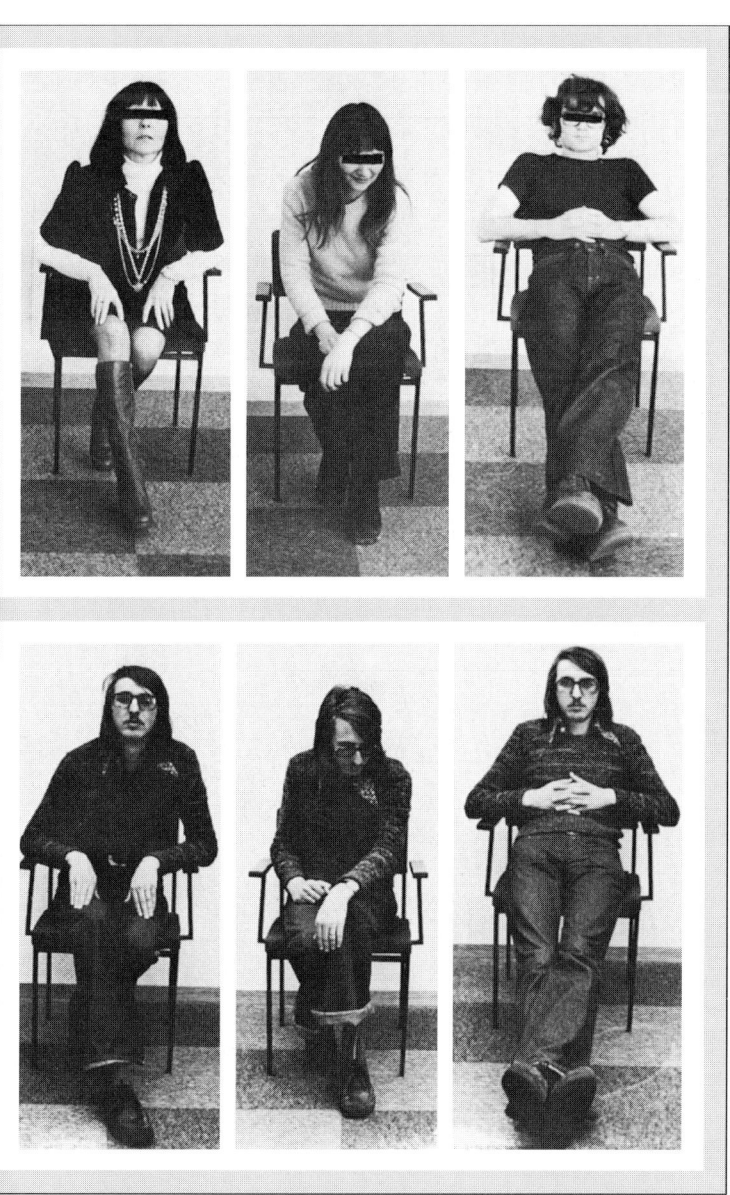

5.2 Die Theorie der «inferentiellen» Kommunikation

Parallel zu diesen methodischen Entwicklungsarbeiten machte auch das theoretische Verständnis der Humankommunikation in den siebziger und achtziger Jahren erhebliche Fortschritte. Es waren vor allem die sprachtheoretischen Arbeiten des englischen Philosophen H. Paul Grice (1975; 1978; 1989), die dem tieferen Verständnis der Funktion, die das nonverbale Verhalten im Kontext des kommunikativen Geschehens übernimmt, einen Weg bahnten. In einer berühmt gewordenen Vorlesungsreihe an der Harvard University hatte Grice bereits Ende der sechziger Jahre darauf aufmerksam gemacht, daß die Machtverhältnisse zwischen Sender und Empfänger in der Humankommunikation, wegen des Hinzutretens der pragmatischen Dimension, ganz anders gelagert sind als in der technischen Kommunikation. Während der technische Empfänger die Information, die ihm der Sender füttert, sozusagen geduldig hinnehmen muß, ist der menschliche Empfänger keineswegs gezwungen – und auch nicht gewillt – dem Sender bei der Auswahl der Mitteilungen, die man ihm präsentiert, freie Hand zu lassen. Er besteht vielmehr strikt darauf, mit Information versorgt zu werden, die für ihn auch tatsächlich «relevant» ist – und zwar gemäß seiner eigenen Maßstäbe.

Äußeres Zeichen dafür, daß das Kommunikationsverhalten des menschlichen Senders unter dem heimlichen Diktat des Empfängers steht, sind eine Reihe stillschweigender Verhaltensregeln, die Grice mit den Begriffen *Quantity, Quality, Relation* und *Manner* umschrieb. Sie verpflichten den Sender dazu, sicherzustellen, daß seine Äußerungen weder mehr noch weniger Information enthalten, als nötig ist (Quantity), nicht ungeprüft oder gar unwahr sind (Quality), nicht irrelevant im Hinblick auf den in Frage stehenden Sachverhalt sind (Relation) und nicht in einer unhöflichen oder mehrdeutigen Art vorgetragen werden (Manner). Der Hörer hat zwar meist keinerlei formale Handhabe, den Sprecher zur Einhaltung solcher Regeln zu zwingen. An der dominanten Position, die der Empfänger in der Humankommunikation einnimmt, ändert dies jedoch ebensowenig, wie der Umstand, daß die Rolle von Sender und Empfänger ständig wechseln. Denn insoweit den an der Kommunikation Beteiligten an einem guten (und weiteren) Kontakt zueinander gelegen ist, tun sie gut daran, sich diesen stillschweigenden Verpflichtungen nicht zu entziehen.

Obwohl Grice seine Erkenntnisse am Beispiel des verbalen Diskurses erläutert hatte, machte seine Analyse des Kommunikationsprozesses erstmals erklärlich, warum in der Face-to-Face Situation regelmäßig und in oft ganz erheblichem Umfang nonverbale Stimulation generiert wird. Die Ursache dafür liegt in den pragmatischen Deutungsgewohnheiten des Gegenübers. Selbst die leiseste Ahnung davon, daß der Empfänger etwas darauf gibt, wie sich der Sender nonverbal verhält, muß diesen veranlassen, Verhaltensdisplays zu Gesicht zu bringen, die geeignet sind, bei seinem Gegenüber einen bestimmten Eindruck zu erwecken bzw. zu verhindern, daß dieser zu einem für den Sender ungünstigen Eindruck gelangt. Man kann sicherlich annehmen, daß von dieser Ahnung praktisch jedermann, zumindest dumpf, erfaßt wird. Dafür zeugt allein schon der oft nicht unbeträchtliche Aufwand für Kosmetik und modische Kleidung, wie er routinemäßig zur Aufbesserung des physiognomischen Aspekts des äußeren Erscheinungsbildes getrieben wird. Aber auch die Bemühungen um die Respektierung bestimmter Umgangsformen bzw. um die Darbietung sog. «freundlichen», «umgänglichen» Verhaltens sind hier zu nennen.

Der französische Anthropologe Dan Sperber und die englische Linguistin Deirdre Wilson waren wohl die ersten, denen aufgefallen war, daß Grice im Rahmen seiner sprachphilosophischen Betrachtungen das theoretische Fundament für ein tieferes Verständnis auch der nichtsprachlichen Kommmunikation gelegt hatte. In ihrem erstmals 1986 erschienenen Werk *Relevance. Communication and Cognition*, das sofort zur *«cause célèbre* in der Theorie der Kommunikation» (Levinson, 1989:456) avancierte, entwickelten Sperber und Wilson auf der Grundlage der Grice'schen Relevanztheorie die These, in der Humankommunikation existiere, parallel zur kodierten Kommunikation im Sinne Shannons, ein zweiter Kommunikationsmodus, dessen Existenz der Wissenschaft weitgehend verborgen geblieben sei. Zentrales Kennzeichen für diese zweite, von ihnen als «inferentielle Kommunikation» (Sperber & Wilson, 1986:2) bezeichnete Form der zwischenmenschlichen Verständigung sei, daß die Beziehung zwischen Zeichen und Bezeichnetem nicht aus einer semantischen Konvention resultiere. Die Sinngebung für die Zeichen sei vielmehr das Ergebnis einer nur pragmatisch begründeten *Schlußfolgerung* des Empfängers, die in der Regel durch nonverbale Stimuli hervorgerufen werde, und zwar vor allem durch die besonders augenfälligen «ostentativen» Bewegungen und Körperhaltungen des Gegenübers (Sperber and Wilson, 1986:48ff.; Wilson and Sperber, 1988:146).

Mit der Unterscheidung zwischen «kodierter» und «inferentieller»

Kommunikation zogen Sperber und Wilson gewissermaßen die Konsequenz aus der bereits von Morris und Grice aufgezeigten Tatsache, daß der menschliche Empfänger die privilegierte, in der technischen Kommunikation völlig undenkbare, Option besitzt, eigenmächtig und ohne Rücksprache mit dem Sender entscheiden zu können, welche «Zeichen» er – um es in Morris' Worten auszudrücken – als ein «Anzeichen für etwas» wertet. Insoweit diese rein pragmatisch begründeten Bedeutungszuweisungen dem Empfänger in Form unbewußter Schlüsse – und damit letztlich durch Zwischenhirnprozesse – aufgezwungen werden, ist dessen Interpretationsfreiheit *de facto* zwar doch wieder erheblich eingeschränkt. Dies ändert jedoch nichts an der Tatsache, daß der Empfänger hinsichtlich jener Stimuli, die nicht Bestandteil eines für beide Kommunikationspartner verbindlichen Kodes sind, die alleinige «Definitionshoheit» besitzt. Der Empfänger kann dementsprechend nicht gezwungen werden – und sieht in der Regel selbst auch gar keinen Anlaß – für seine subjektive Lesart nonverbaler Stimuli das Plazet des Senders einzuholen.

Die Formulierung des Konzepts der inferentiellen Kommunikation markiert, so könnte man fast sagen, den Zeitpunkt, zu dem sich die humanwissenschaftliche Kommunikationsforschung von den nachrichtentechnischen Modellvorstellungen endgültig emanzipierte. Ergebnis dieser gedanklichen Befreiung war nicht nur eine radikal neue Sicht der in der zwischenmenschlichen Verständigung wirksamen Verhaltensphänomene. Die Theorie der inferentiellen Kommunikation wirft vielmehr auch ein neues Licht auf die Anforderungen, denen ein kommunikationstechnisches System genügen muß, wenn es sich in Situationen bewähren soll, in denen am anderen Ende der Kommunikationslinie nicht eine Maschine, sondern ein Mensch agiert (Frey, Kempter und Frenz, 1996; Frey, 1999).

Allein schon wegen der von Helmholtz aufgezeigten unwillkürlichen Deutungsprozesse fällt es dem menschlichen Empfänger außerordentlich schwer, sich bei der Interpretation des Stimulusinputs ebenso sklavisch an die willkürlichen Kodevereinbarungen zu halten, wie dies Maschinen so hervorragend fertigbringen. Insoweit sich der menschliche Empfänger jedoch nicht wie ein Shannon'scher Dekodierroboter benehmen kann, der das Enkodierungsprozedere einfach umdreht, muß sich der Sender bei der Enkodierung seiner Botschaft zwangsläufig nach den Interpretationsgewohnheiten des Empfängers richten, wenn eine erfolgreiche Verständigung gewährleistet werden soll. Dies verlangt vom Sender allerdings nicht weniger als die Lösung der Aufgabe, die Inferenzprozesse zu antizipieren, die das von ihm generierte verbale und nonverbale Verhalten beim Rezipienten vermutlich auslösen wird.

Ganz anders als man sich dies zur Zeit der Formulierung der mathematischen Kommunikationstheorie zunächst vorgestellt hatte, zeigt sich heute, daß man die Funktionsprinzipien der Humankommunikation nicht etwa anhand des Code-Modells der technischen Kommunikation verstehen kann. Im Gegenteil, die nur allzu oft fehlgeschlagenen Bemühungen um die sogenannte «benutzerfreundliche» Auslegung des Mensch-Maschine-Dialogs machen deutlich, in welch gravierendem Ausmaß ein am technischen Modell der Kommunikation orientiertes Design dem menschlichen Benutzer zum Hemmschuh geraten kann (Möller, 1999). Nicht zuletzt im Interesse der Lösung der damit zusammenhängenden Probleme scheint das Studium der pragmatischen Informationsverarbeitungsprozesse, wie sie insbesondere bei der Rezeption visueller Information zum Tragen kommen, auch für ingenieurwissenschaftliche Fragestellungen von erheblicher Bedeutung. Somit stellt die Untersuchung der Funktionsweise der beim Menschen vorliegenden physiologischen und psychologischen Rezeptionsmodi die vordringliche Forschungsaufgabe dar. Denn nur dadurch kann das Wissen generiert werden, das man benötigt, um bei der Gestaltung multimedialer Kommunikationssysteme zu Lösungen zu gelangen, die es dem Menschen ermöglichen, das Potential moderner Kommunikationstechnologien für die Erledigung seiner eigenen Aufgabenstellungen auch tatsächlich nutzbar zu machen.

5.3 Medienwirkung: Die These vom «nichtssehenden» Auge

Mit der Konzeption des Berner Systems und der Entwicklung der Theorie der inferentiellen Kommunikation war somit ab Mitte der achtziger Jahre sowohl in methodischer als auch in theoretischer Hinsicht der Weg frei geworden für die Erforschung der geheimnisvollen Macht, die Bilder auf uns ausüben. Daß man sich des Einflusses, den visuelle Reize auf unser Erleben und Handeln nehmen, erst so spät gewahr wurde, ja daß die Wissenschaft noch nicht einmal durch die dezidierten Hinweise wachzurütteln war, die Lichtenberg, Helmholtz und Lippmann auf die Macht der Bilder gaben, mag damit zusammenhängen, das der Einfluß des Visuellen so allgegenwärtig ist, so daß wir ihn kaum noch wahrzunehmen vermögen. Gerade der Wirkung jener Dinge, die uns am unmittelbarsten berühren, sind wir ja, wie es Einstein in einer berühmten Frage formulierte, oft am allerwenigsten bewußt: «Was weiß der Fisch vom Wasser, in dem er sein ganzes Leben verbringt?» (Einstein, 1950:13). Und tatsächlich läßt sich buchstäblich an jeder Straßenecke beobachten, wie sehr die Eindrucksempfänglichkeit des Menschen für visuelle Reize in der Kunst, in der Werbung, in Feierlichkeiten und gesellschaftlichen Veranstaltungen angesprochen wird. In einer Zeit, in der das Wort von der Multimediagesellschaft in aller Munde ist, kann man denn auch mit gutem Grund sagen, daß die inferentielle Verarbeitung nonverbaler Stimulation nicht allein die Art und Weise beeinflußt, wie Menschen miteinander agieren, sondern sämtliche Bereiche der Kultur und Gesellschaft zutiefst durchdringt.

Nur mit der besonderen Schwierigkeit, die wir haben, das Allgegenwärtige zu sehen, läßt sich erklären, daß selbst die moderne Medienforschung dem Siegeszug des Fernsehens lange Zeit eher ratlos gegenüberstand. Denn auch die in der Politik- und Medienwissenschaft entwickelten theoretischen Modellvorstellungen waren zunächst ganz am Kodemodell der Kommunikation orientiert (Lasswell, 1948; Schramm, 1954; Gerbner, 1956; de Sola Pool, 1973). Erst in den achtziger Jahren mehrten sich allmählich die Stimmen, die die Forderung nach neuen Forschungsansätzen erhoben, die in der Lage sind, der lawinenartig angewachsenen Möglichkeiten der Bildkommunikation theoretisch und methodisch Rechnung zu tragen (Schulz, 1975; Schatz et al., 1981, Sturm, 1981; Weiss, 1982; Schönbach, 1983; Winterhoff-Spurk, 1986)

Die geradezu explosionsartige Entwicklung der visuellen Medien hatte die tradierte, ganz auf die verbale Komponente fixierte Massenkommunikationsforschung in nicht geringe Verlegenheit gebracht. Nicht nur die stürmische Entwicklung des Fernsehens, auch die seit der Mitte des Jahrhunderts zu beobachtende, dramatisch zunehmende Bebilderung der Printmedien ließ einerseits kaum noch Zweifel daran, daß der Rezipient für visuelle Stimuli außerordentlich empfänglich ist. Andererseits konnte man mit Hilfe des gebräuchlichen inhaltsanalytischen, ganz auf die verbale Kommunikation abgestellten Instrumentariums sich deren Wirkung beim besten Willen nicht erklären. Und so herrschte unter Politologen und Medienforschern noch bis weit in die achtziger Jahre hinein die Auffassung vor, es sei schlechterdings gar nicht vorstellbar, daß die Meinungsbildung der Zuschauer durch die Bilderflut nennenswert beeinflußt würde.

In einem vielbeachteten Werk über den politischen Einfluß von Fernsehnachrichten verwiesen beispielsweise Patterson and McClure (1976) allein schon durch die Wahl des Titels ihres Buches *The Unseeing Eye: The Myth of Television Power in National Elections,* die These von der Macht der Bilder in den Bereich der Fiktion. Die im Rahmen von TV-Nachrichten dargebotenen Meldungen seien, so argumentierten die Autoren, einfach «zu kurz um der Komplexität moderner Politik gerecht zu werden, zu visuell um die meisten Ereignisse wirkungsvoll darstellen zu können und zu unterhaltungsorientiert um den Zuschauern etwas mitzuteilen zu können, was des Wissens wert wäre» (Patterson & McClure, 1976:90). Auch eine großangelegte Untersuchung deutscher Nachrichtensendungen kam zu dem Ergebnis, von einer wie auch immer gearteten politischen Wirkung der visuell rezipierten Information sei nichts zu spüren. Im Gegenteil, die Zuschauer seien von der Bilderflut kognitiv so überfordert, daß sie nicht mal richtig mitbekämen, was ihnen da vorgesetzt wird. Denn das Kaleidoskop der sich jagenden Bilder, wo «bereits ein neues Bild kommt bevor das alte überhaupt richtig erkannt worden ist», führe letztlich «zu einer Informationsverdichtung im visuellen Kanal, die die Rezeption sowohl der Bilder als auch des Textes behindert» (Straßner, 1982:241f.).

Es gab jedoch eine wichtige Stimme, die der großen Pionierin der deutschen Meinungs- und Medienforschung, Elisabeth Noelle-Neumann, die sich beharrlich weigerte, der These vom nichtssehenden Auge das Wort zu reden. Im Gegenteil, kaum weniger eindringlich als dies ein halbes Jahrhundert zuvor Lippmann getan hatte, erhob Noelle-Neumann die Forderung, daß es in Zukunft mehr denn je darum gehen müsse, die Wirkungen zu ergründen, die von der Bewegtbildkommunikation ausgehen. Keinesfalls wollte sie sich damit abfinden, daß die Untersuchung der Bildwirkung unterblieb, weil die Medienwirkungsforschung dafür keine rechte Erklärung parat hatte. In den Naturwissenschaften, so machte sie in einem Strategiepapier geltend, käme schließlich auch niemand «auf die Idee..., etwa die Entdeckung der Schwerkraft für unbedeutend zu halten, solange nicht aufgeklärt ist, wie die Schwerkraft zustande kommt» (Noelle-Neumann, 1986:141).

Von der herrschenden Meinung völlig unbeeindruckt hatte sie denn auch bereits Ende der sechziger Jahre die Wirkung, die das

Fernsehen auf den Rezeptionsprozeß des Zuschauers ausübt, mit der Metapher eines «getarnten Elefanten» beschrieben (Noelle-Neumann, 1968). In einem speziell an Psychologen addressierten Vortrag auf dem 20. Internationalen Kongreß für Psychologie in Tokio versuchte sie wenig später ihre Kollegen aus der Nachbardiziplin zu einer «Rückkehr» zu der Vorstellung von der mächtigen Rolle der inzwischen immer mehr bildbasierten Massenmedien zu bewegen (Noelle-Neumann, 1973). Und Mitte der achtziger Jahre beklagte sie es gar als eines der Haupthindernisse für den Fortschritt in der Medienwirkungsforschung, daß «der gesamte Bereich der Medienwirkung durch nonverbale Kommunikation praktisch unerforscht» geblieben sei (Noelle-Neumann, 1986:141).

Daß auf die Hinweise und Vorschläge Noelle-Neumanns von Seiten der Psychologie zunächst kaum reagiert wurde, hing einerseits sicherlich mit den deprimierenden Erfahrungen zusammen, die das Fach im Laufe seiner Geschichte mit dem Forschungsgegenstand schon gemacht hatte. Andererseits war man sich in der Psychologie aber auch in besonderem Maße des desolaten Methodenstandes im Bereich der Bewegungsbeschreibung bewußt – und der engen Grenzen, die dieser Umstand im Hinblick auf die Fruchtbarkeit der Forschungsanstrengungen auf diesem Gebiet nach sich ziehen mußte. Die wenigen Untersucher, die sich gedanklich bereits von der psychodiagnostischen Tradition gelöst hatten, waren daher vor allem mit der Schaffung der für eine Neuorientierung der Forschungsarbeit notwendigen methodischen Grundlagen befaßt. Zwar generierten schon die ersten im Zeichen der Wirkungsanalyse durchgeführten psychologischen Arbeiten neue und zum Teil sogar verblüffende Erkenntnisse zu der Frage, welche Elemente des nonverbalen Verhaltens den Eindruck des Betrachters maßgeblich prägen (Frey und Hirsbrunner, 1978; Frey, 1984). Gleichwohl standen diese frühen empirischen Tastversuche zunächst hauptsächlich im Dienste der Entwicklung und Optimierung der Notations- und Analyseverfahren, die für eine umfassende Abklärung der vom nonverbalen Interaktionsverhalten ausgehenden Wirkung benötigt wurden.

5.4 Medienwirkung: Die These von der «optischen Kommentierung»

Noch während die in der Psychologie begonnene Methodenentwicklung im Gange war, entstand innerhalb der Medienwirkungsforschung bereits eine heftige Kontroverse um die Frage, ob die medienvermittelte nonverbale Kommunikation die Wahlentscheidung der Zuschauer beeinflusse. Den Anstoß dazu hatte eine Beobachtung Hans-Mathias Kepplingers (1980) gegeben, derzufolge in der Fernsehberichterstattung über die Spitzenkandidaten im Bundestagswahlkampf 1976 der damalige Verlierer der Wahl, Kohl, den Zuschauern «relativ häufig aus der von Kameraleuten als ungünstig bezeichneten Vogel- oder Froschperspektive» präsentiert worden war (Kepplinger, 1983:44). In einer experimentellen Folgeuntersuchung hatten sich Kepplinger und Donsbach (1983) zudem davon überzeugt, daß die Kameraperspektive nicht nur die Eigenschaftszuschreibungen systematisch verändert, sondern daß «die Autorität der Bilder über die Vorstellungskraft», von der einst Lippmann gesprochen hatte, so dominierend war, daß sie sich selbst gegen die politische Überzeugung der Beurteiler durchsetzte: «Die Anhänger und Neutralen nahmen den Redner ähnlich negativ wahr wie seine Gegner. Die negative Darstellung brachte seinen politischen Bonus weitgehend zum Schwinden» (Kepplinger, 1983:45). Kepplinger und seine Mitarbeiter sprachen denn auch die Vermutung aus, das Fernsehen beeinflusse Wahlergebnisse, indem es bestimmte Politiker aus einem «günstigen», andere aus einem «ungünstigen» Blickwinkel zeige.

Der in dieser These implizit enthaltene Vorwurf, das Fernsehen erfülle seine Pflicht zur Neutralität zwar im verbalen Kanal, unterlaufe diese Pflicht aber gleichzeitig sehr wirkungsvoll im nonverbalen Kanal, vertrug sich schlecht mit dem Selbstverständnis vieler Journalisten, wie es etwa in dem denkwürdigen Satz Richard S. Salants, des früheren Präsidenten von *CBS-News,* zum Ausdruck kommt: «Our reporters do not cover news from *their* point of view. They cover them from *nobody's* point of view» (zit. n. Epstein, 1973). Und auch für das Fernsehpublikum selbst war die Vorstellung, es lasse sich von so banalen und noch dazu sachlich völlig irrelevanten Kriterien wie etwa dem «Kamerawinkel» in seiner politischen Urteilsbildung leiten, nicht gerade schmeichelhaft. Die von Kepplinger (1980) zunächst eher beiläufig erwähnten Befunde erregten so auch sofort nach ihrem Bekanntwerden eine höchst bemerkenswerte Publizität. Unter Stichworten

81

wie «optische Kommentierung», oder gar «optische Diffamierung» (Kepplinger 1983:47) gerieten sie vorübergehend sogar fast schon zu einem der Kernthemen der medienpolitischen Debatte.

Das ungeheure Aufsehen, die Empörung und der vehemente Widerspruch, den die von Kepplinger und seinen Mitarbeitern vorgetragenen Ansichten provozierten, hätten sicherlich zum Anlaß werden können für eine grundlegendere Auseinandersetzung mit der Frage, welche Rolle das Bild in einer immer mehr den visuellen Medien verschriebenen Welt spielt. Statt dessen drohte diese Diskussion schon nach wenigen Jahren wieder völlig zu versanden. Ohne eine Verankerung in einem kommunikationstheoretischen Konzept, das die pragmatische Relevanz solcher Stimuli hätte plausibel machen können, mußten die von Kepplinger und Mitarbeitern referierten Befunde als ein bloßes Kuriosum der Medienwirkung erscheinen – als ein seltener Ausnahmefall der visuellen Wahrnehmung, dessen Wirkung sich zudem auf höchst einfache Weise, nämlich durch eine häufigere Variation der Kameraposition, außer Kraft setzen lasse.

Hinzu kam, daß die methodologischen Restriktionen der Bewegungsbeschreibung Kepplinger und seine Mitarbeiter dazu zwangen, die Frage, welche Wirkung vom nonverbalen Verhalten der politischen Akteure selbst ausging, völlig außer Betracht zu lassen. Die von der Kameraposition und die vom nonverbalen Verhalten ausgehende Wirkung ließ sich so nicht gegeneinander abgrenzen, was die vorgeschlagene Interpretation der Befunde erheblich schwächte. These und Gegenthese standen einander auf diese Weise eine Weile unbeweglich, in einer Art Pattsituation, gegenüber. Und bereits Mitte der achtziger Jahre schien die Diskussion über die Medienwirkung nonverbaler Kommunikation wieder zu verebben, ohne daß man hätte sagen können, das Verständnis der Dinge habe von der Kontroverse erkennbar profitiert.

6 Die Neuorientierung der Wirkungsforschung

Daß die Auseinandersetzung um die Frage nach dem politischen Einfluß des Bildes sich letztlich doch nicht in bloß spekulativen Betrachtungen erschöpfte, daß vielmehr die Grundlagenforschung auf diesem Gebiet – Jahrzehnte nachdem sich das Fernsehen bereits weltweit als dominierendes Medium der Massenkommunikation durchgesetzt hatte – schließlich doch noch in Gang kam, ist vor allem dem Politik- und Kommunikationswissenschaftler Winfried Schulz zu verdanken. In einem für die *Deutsche Forschungsgemeinschaft (DFG)* verfaßten Lagebericht zur Medienforschung hatte er Anfang der achtziger Jahre zu einer umfassenden interdisziplinären Auseinandersetzung mit den Grundlagen der Medienwirkung aufgerufen. Einerseits sei, wie er vermerkte, «ein verbreitetes Unbehagen an der herkömmlichen, besonders in den USA betriebenen Wirkungsforschung» (Schulz, 1982 a:2) zu verzeichnen. Andererseits hätten die in verschiedenen Disziplinen der Verhaltenswissenschaften in den siebziger Jahren durchgeführten Arbeiten eine Reihe bedeutsamer theoretischer und methodischer Fortschritte gebracht. Aufgrund dieser Entwicklungen, so argumentierte Schulz, habe sich der Medienwirkungsforschung inzwischen ein durchaus erfreulicher «Ausblick am Ende des Holzweges» (Schulz, 1982 b:49) eröffnet, der neue, vielversprechende Chancen biete a) für die «Theoretische und methodische Neuorientierung der Wirkungsforschung», b) für die «Etablierung der Medienwirkungsforschung an den Universitäten» und c) für die «Wissenschaftliche Begleitung der aktuellen medientechnischen und medienpolitischen Entwicklung» (Schulz, 1982 a:2 f.).

Die von Schulz vorgetragenen Argumente stießen unter Kommunikationsforschern auf so viel Zustimmung, daß sich schon rasch eine interdisziplinäre Arbeitsgruppe bildete, die im Rahmen eines eigens dafür etablierten *DFG-Schwerpunktprogramms* die Bemühungen um die Neuorientierung der Wirkungsforschung in Angriff nahm. Nach den Vorstellungen der Initiatoren des Schwerpunktprogramms sollten die Forschungsanstrengungen «vorrangig den von der angewandten Forschung vernachlässigten Grundlagenproblemen, insbesondere der *theoretischen und methodischen Innovation*» gelten (Schulz, 1982 a:3; Hervorhebung im Original). Dabei sollte die Forschungsarbeit in inhaltlicher Hinsicht aber so angelegt werden, daß ein direkter «Bezug zu den aktuellen gesellschaftlichen, medientechnischen und medienpolitischen Entwicklungen» gegeben sei. (Schulz, 1982 a:17).

Eine der Aufgaben, die im Rahmen dieser Neuorientierung in Angriff genommen werden sollte, war der Einstieg in die empirische Auseinandersetzung mit der von Noelle-Neumann aufgeworfenen, vom tradierten Forschungsansatz so lange ausgeklammerten Frage nach der Medienwirkung nonverbaler Kommunikation. Das dafür notwendige Methodenarsenal sollte dabei so flexibel konzipiert werden, daß sich damit ein breites Spektrum der Wirkungen, die von der Bewegtbildkommunikation ausgehen, abklären ließe. Insbesondere sollte es ermöglicht werden, die Effekte, die vom Verhalten der auf dem Bildschirm präsentierten Person bewirkt werden, von jenen Effekten zu trennen, die durch die medientechnische Aufbereitung bedingt sind (Schulz, 1982 a:19).

6.1 Neue Wege der Struktur- und Wirkungsanalyse

Bei der Konzeption der für diesen Zweck entworfenen Untersuchungsstrategie gingen wir von der Annahme aus, daß keineswegs die gesamte Information, die über den Bildschirm auf den Zuschauer einprasselt, im Rezeptionsprozeß wirksam wird. Denn allein schon wegen der Geschwindigkeit, mit der die spontane Urteilsbildung vonstatten geht, ist zu erwarten, daß der mit der visuellen Eindrucksbildung befaßte psychische Apparat nur auf ganz bestimmte Elemente des Bewegungsverhaltens anspricht – also ähnlich hochselektiv arbeitet wie dies bei den von Lorenz (1935) und Tinbergen (1951) beschriebenen visuellen Reizverarbeitungsmechanismen der Fall ist, die bei Tieren unwillkürliche Verhaltensreaktionen auslösen.

Die Erforschung der dabei wirksam werdenden Filtermechanismen erfordert gleichwohl eine sehr genaue Kenntnis des komplexen Stimulusinputs. Schon im Alltag präsentiert sich das nonverbale Verhalten dem Auge des Betrachters als ein äußerst verwickeltes Geschehen, das sich zudem in rascher Folge ändert. In der medienvermittelten Personwahrnehmung ist diese Komplexität noch weiter erhöht. Denn zahlreiche zusätzliche Variationsquellen, die vom Medium selbst kommen (z. B. Kameraverhalten, Schnitte, Inserts), verquicken sich auf dem Bildschirm mit den Verhaltensvariationen der abgebildeten

Person zu einem scheinbar undurchdringlichen Informationskonglomerat. Zur Lösung der mit der Strukturanalye des Inputs zusammenhängenden Probleme wurde daher entsprechend der Logik des *Berner Systems* ein nonsemantisches Kodierungssystem entwickelt, das es gestattet, neben den Strukturmerkmalen des nonverbalen Verhaltens, die Spezifika der medientechnischen Gestaltung ebenfalls in einem zeitreihenbasierten Datenprotokoll in ihrem ganzen Detailreichtum abzubilden (Frey und Bente, 1989; Pöhls, 1989).

Die Untersuchung der psychischen Wirkungen, die der sensorische Input beim Betrachter auslöst, stellt hohe Anforderungen an die Leistungsfähigkeit der für die Responsemessung verwendeten Methodik. Denn zum einen ändert sich die dem Auge des Betrachters zugeführte Information in raschem Wechsel. Zum anderen können sich die Wirkungen des Stimulusinputs sowohl im äußeren Verhalten *(overt responses)* als auch im inneren psychischen Geschehen *(covert responses)* niederschlagen. Dementsprechend schien es geboten, die Betrachterreaktion möglichst online zur Stimuluspräsentation und auf mehreren Verhaltensebenen gleichzeitig zu erfassen.

Im Hinblick auf die Abklärung der von Helmholtz aufgezeigten unbewußten Schlüsse war es zudem von besonderem Interesse, zu prüfen, welchen Einfluß medienvermittelte nonverbale Stimuli auf die kognitiven Einstellungen und auf das affektive Erleben der Rezipienten ausüben. Unter Nutzung neuester technologischer Entwicklungen sollte daher ein Meßverfahren konzipiert werden, das es gestattet, simultan, im Takt der Videofrequenz von 50 Hertz zu ermitteln, in welcher Weise das auf dem Bildschirm dargebotene Geschehen a) das visuelle Aufmerksamkeitsverhalten des Rezipienten steuert, b) welche *inneren,* affektiven Reaktionen es im vegetativen System auslöst, c) zu welchen *äußeren,* mimischen und gestischen Verhaltensreaktionen es führt und d) zu welchen kognitiven Attributionsprozessen es Anlaß gibt.

6.11 Integrierte Erfassung kognitiver und affektiver Medienwirkungen

Entsprechend der dafür entwickelten technischen Lösung wird die visuelle Aufmerksamkeitssteuerung bei der optischen Abtastung der auf dem Bildschirm dargebotenen Information mit Hilfe eines speziellen okulometrischen Verfahrens erfaßt, das anzeigt, auf welche Details der visuellen Reizvorlage das Auge fokussiert. Die emotionalen Reaktionen beim Betrachten der Bildsequenz werden durch die Registrierung der Pupillarreaktion (Erweiterung oder Verengung der Pupille in Abhängigkeit vom jeweils dargebotenen Stimulus) erfaßt, sowie durch die biometrische Erfassung der vegetativen Aktivität im elektrodermalen, kardiovaskulären und respiratorischen System. Zum Zweck der kognitiven Evaluation der auf dem Bildschirm dargebotenen Stimulussequenz steht ein *Joystick* zur Verfügung, anhand dessen die Versuchsperson das dargebotene Stimulusmaterial durch Knopfdruck und/oder Positionierung kommentieren kann. Darüber hinaus bietet das Meßverfahren die Option, anstelle der Pupillarreaktion die mimische Reaktion der Versuchsperson in das integrierte Datenprotokoll einzubinden.

Abbildung 5 veranschaulicht den Versuchsaufbau zur Online-Erfassung der vegetativen, kognitiven und okulometrischen Reaktion des Betrachters auf die Stimulusdarbietung. Die Aktivität des elektrodermalen, kardio-vaskulären und respiratorischen Systems wird dabei in insgesamt 7 Kanälen erfaßt, die die vegetativen Veränderungen, die in der Folge der Stimuluspräsentation auftreten, differenziert widerspiegeln (elektrische Hautleitfähigkeit, Hauttemperatur, Elektrokardiogramm, periphere Blutzirkulation, Puls, Atmung, Motilität). Zur kognitiven Beurteilung des visuellen Inputs steht der Versuchsperson ein manuell zu bedienender analoger Joystick zur Verfügung, anhand dessen sie durch Knopfdruck und/oder Positionierung das dargebotene Stimulusmaterial kommentieren kann. Zum Zweck der Erfas-

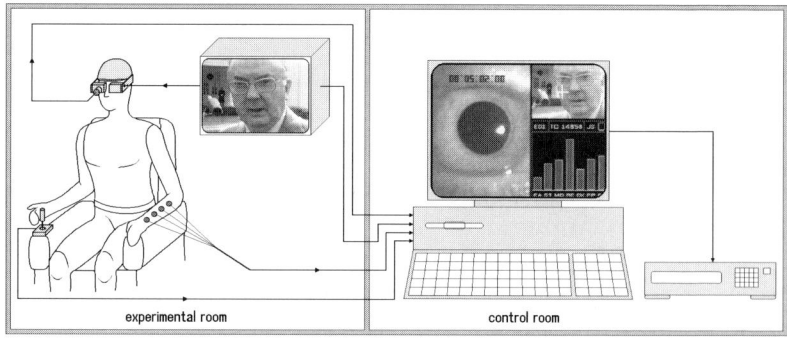

86

Abbildung 5: Versuchsaufbau zur simultanen Erfassung vegetativer, kognitiver und *okulometrischer* Reaktionen auf medienvermitteltes nonverbales Verhalten.

sung des peripheren Aufmerksamkeitsverhaltens werden die Video-clips der Versuchsperson in einem Sichtgerät nach Art des *virtual reality*-Verfahrens dargeboten. Das Abtastverhalten des Auges bei der Wahrnehmung des Videoclips sowie die Pupillarreaktion (Vergröße-rung/ Verkleinerung der Pupille in Abhängigkeit vom Stimulus) wird dabei mit Hilfe einer miniaturisierten Videokamera erfaßt, die in das Sichtgerät eingebaut ist. Soll anstelle der Pupillarreaktion die äußere mimische Reaktion auf die Stimuluspräsentation ermittelt werden, so wird, wie Abbildung 6 veranschaulicht, der Stimulusinput der Ver-suchsperson auf einem normalen Videomonitor präsentiert, wobei die Videokamera das Gesicht der Versuchsperson filmt.

Die von den Meßfühlern der psychophysiologischen Apparatur, des Joysticks und der Videokamera angelieferten Daten werden im Takt der Videofrequenz von 50 Hertz einem Rechner zugeleitet und in einem gemeinsamen Display integriert. Die rechte Bildhälfte von Abbildung 5 (sowie die linke Hälfte von Abbildung 6) illustriert, am Beispiel einer Momentaufnahme, das Ergebnis der Verknüpfung der Stimulusdarbietung mit der äußeren und inneren Reaktion. Die Ak-tivität des psychophysiologischen Systems wird dabei in Form von Balkengrafiken visualisiert, deren Höhe für jeden der 7 Meßkanäle den jeweiligen Momentanwert anzeigt. Der vom Joystick angelie-ferte Wert wird in der Datenzeile zwischen der Balkengrafik und dem Stimulusbild eingetragen. Dieses wird dem Betrachter bildschirmfül-lend präsentiert, bei der Integration jedoch verkleinert dargestellt. Die von der Videokamera erfaßte okulometrische bzw. mimische Re-aktion der Vp ist auf der gegenüberliegenden Bildhälfte dargestellt.

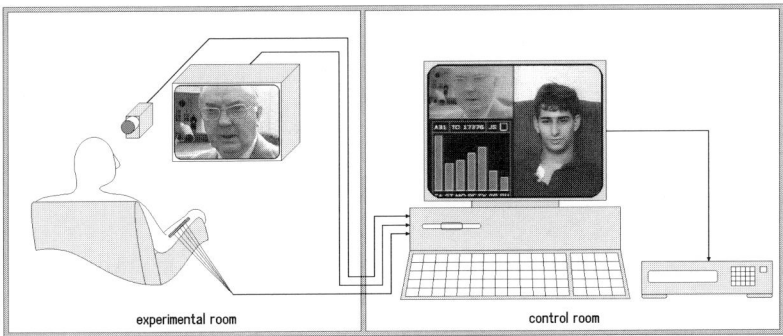

Abbildung 6: Versuchsaufbau zur simultanen Erfassung vegetativer, kognitiver und *mimischer* Reaktionen auf medienvermitteltes nonverbales Verhalten.

Für die Zwecke der quantitativen Analyse werden die in den verschiedenen Verhaltenskanälen im 50-Hertz-Rhythmus erfaßten Responsedaten in sowohl numerischer als auch in visualisierter Form auf einem Datenträger abgelegt und in einem integrierten Datenprotokoll synoptisch zusammengeführt. Das in Abbildung 7 wiedergegebene Meßdatenprotokoll zu der in Abbildung 6 dargestellten Versuchsanordnung veranschaulicht, auf welche Weise die Meßzeitreihen zum Zweck der Aufklärung der Wirkmechanismen nonverbaler Stimuli zueinander in Beziehung gesetzt werden können. Die obere Box enthält die Daten über die dynamischen Strukturmerkmale der **Stimulusinputs.** Im vorliegenden Fall handelt es sich um einen zehnsekündigen Videoclip, der das nonverbale Verhalten des amerikanischen Senators Jesse Helms zeigt. Der Kameraausschnitt war auf den Kopf des politischen Akteurs gerichtet, so daß sich die wahrgenommene Verhaltensvariation auf die Gesichts- und Kopfbewegungen der Stimulusperson beschränkte. Die obersten acht Datenzeilen charakterisieren die Verlaufsstruktur der mimischen Aktivität. Diese wurde, entsprechend der von Hjortsjö (1970) und Ekman & Friesen (1978) eingeführten Praxis, als Aktivationsmuster der an der Gesichtsbewegung beteiligten Muskeln erfaßt. Die einzelnen Zeilen geben jeweils den Beginn der Innervation des entsprechenden Gesichtsmuskels sowie deren Dauer als Block wieder. Die nachfolgenden drei Datenzeilen repräsentieren die nach dem Berner System kodierten Kopfbewegungen in den drei Dimensionen Heben/Senken (Sagittal), Drehen (Rotational) und Kippen (Lateral). Die Werte für die durchschnittliche Abbildungsgröße der Stimulusperson sowie für deren Positionierung auf dem Bildschirm sind in der rechten Hälfte der oberen Grafik angegeben.

Die untere Box enthält die Daten über die mimischen und vegetativen Reaktionen des **Betrachters** auf die Stimulusdarbietung sowie die Angaben über dessen kognitive Einschätzung der Stimulusperson. Die Struktur und der Verlauf der mimischen Response sind in den ersten 7 Datenzeilen der Box dargestellt. Plazierung und Länge der einzelnen Blöcke geben wiederum den Zeitpunkt des Beginns und die Dauer der Innervation der an der Bewegung beteiligten Gesichtsmuskeln an. Die nachfolgenden Kurven charakterisieren die Verlaufsstruktur der vegetativen Aktivität beim Betrachten des Stimulusinputs. Die unterste Datenzeile gibt den genauen Zeitpunkt an, zu dem die Versuchsperson durch Knopfdruck mitteilte, daß sie den Politiker erkannt hat. Im rechten Feld der Box finden sich die Adjektive, die den Eindruck wiedergeben, den die Versuchsperson von der Stimu-

Meßdatenprotokoll zur Versuchsanordnung in Abbildung 6

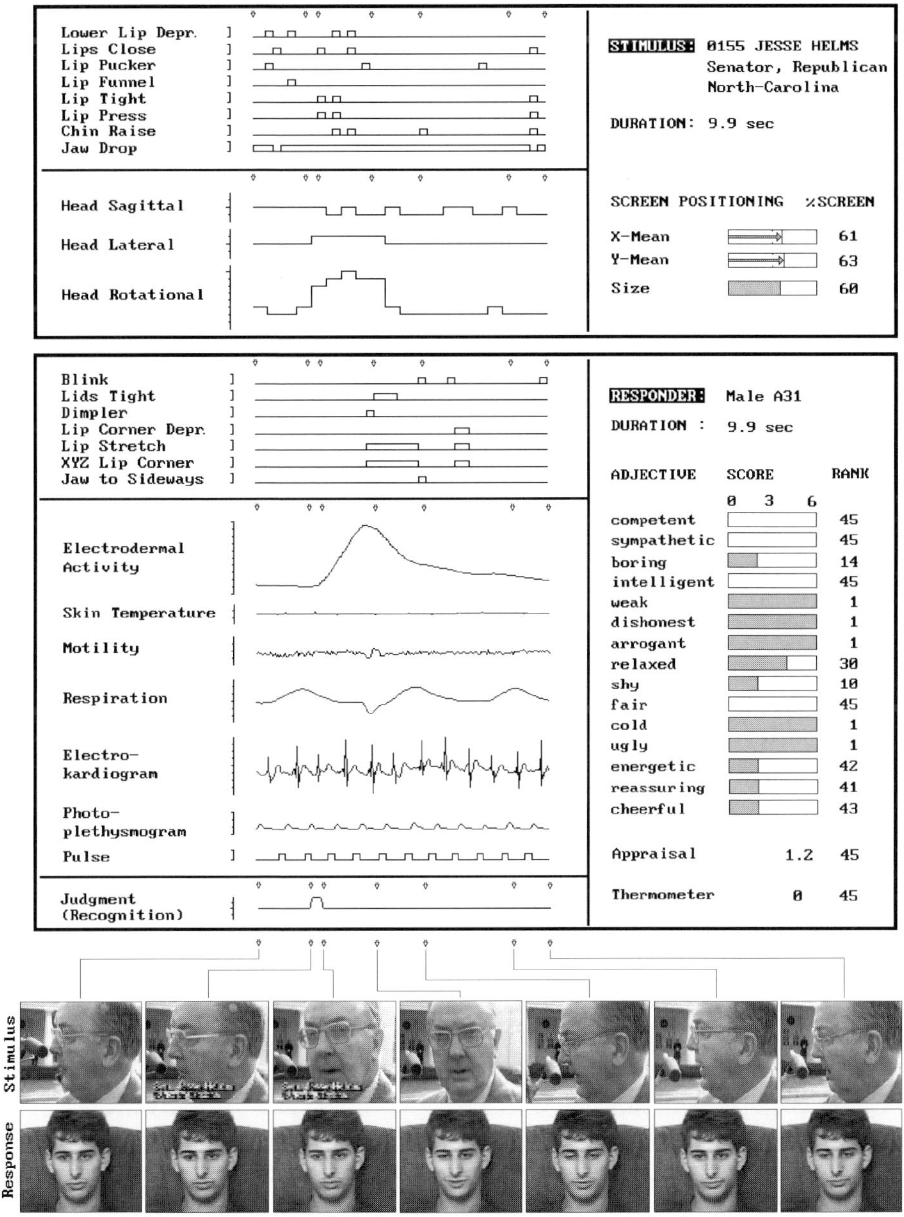

Lower Lip Depr.
Lips Close
Lip Pucker
Lip Funnel
Lip Tight
Lip Press
Chin Raise
Jaw Drop

STIMULUS: 0155 JESSE HELMS
Senator, Republican
North-Carolina

DURATION: 9.9 sec

Head Sagittal
Head Lateral
Head Rotational

SCREEN POSITIONING   %SCREEN

X-Mean   61
Y-Mean   63
Size   60

Blink
Lids Tight
Dimpler
Lip Corner Depr.
Lip Stretch
XYZ Lip Corner
Jaw to Sideways

RESPONDER: Male A31
DURATION: 9.9 sec

ADJECTIVE   SCORE   RANK
    0 3 6

Electrodermal Activity
Skin Temperature
Motility
Respiration
Electro-kardiogram
Photo-plethysmogram
Pulse

ADJECTIVE	RANK
competent	45
sympathetic	45
boring	14
intelligent	45
weak	1
dishonest	1
arrogant	1
relaxed	30
shy	10
fair	45
cold	1
ugly	1
energetic	42
reassuring	41
cheerful	43

Appraisal   1.2   45

Judgment (Recognition)

Thermometer   0   45

Stimulus

Response

Abbildung 7: Stimuli-Response-Integration von vegetativer, kognitiver und mimischer Reaktion auf medienvermitteltes nonverbales Verhalten.

89

lusperson gewonnen hatte. Der Wert 0 bedeutet, daß die Versuchsperson die in Frage stehende Eigenschaft der Stimulusperson gänzlich abspricht. Der Wert 6 indiziert, daß ihr die entsprechende Eigenschaft als völlig zutreffend erscheint, der Wert 3 repräsentiert die Aussage «weder/noch». Die Spalte «RANK» bezeichnet die relative Position dieses Politikers im Vergleich zu 44 anderen, die von diesem Betrachter ebenfalls beurteilt wurden. Der Rangplatz 1 indiziert, daß die Stimulusperson nach Meinung des Betrachters in Bezug auf die Ausprägung dieses Merkmals von niemand übertroffen wird; der Wert 45 zeigt an, daß sie am niedrigsten einzustufen sei. Der Wert für «Appraisal» (Wertschätzung) ist aus den Bewertungen der 15 verschiedenen Urteilsdimensionen abgeleitet, niedrige Werte verweisen auf einen schlechten, hohe auf einen guten Gesamteindruck. Der Wert «Thermometer» zeigt an, ob und in welchem Ausmaß sich der Betrachter innerlich zu dem Akteur hingezogen oder von ihm abgestoßen fühlte.

Die beiden Bildsequenzen unterhalb der Box veranschaulichen in welcher Weise sich durch die Rückbindung der Verhaltensreaktion an den Stimulusinput differenzierte Einblicke in den Prozeß der Stimulusverarbeitung und der an ihm beteiligten Subsysteme gewinnen lassen. Die Einzelbilder korrespondieren dabei mit den durch die Pfeile markierten Zeitpunkten der Stimuluspräsentation und des Reaktionsverlaufs. Die Zeitpunkte sind so gewählt, daß bedeutsame Momente im Zusammenspiel von Stimulus und Reponse hervorgehoben sind. Beim Anfangsbild der Stimulussequenz handelt es sich um die erste Einstellung, die der Rezipient zu sehen bekommt. Das zweite Bild markiert den Moment unmittelbar bevor die Stimulusperson den Kopf auf den Zuschauer zudreht, das dritte Bild den Zeitpunkt, zu dem die elektrodermale Aktivität der Versuchsperson steil anzusteigen beginnt. Das vierte Bild stimmt mit dem Augenblick überein, in dem die elektrodermale Aktivität des Betrachters ihren Höhepunkt erreicht hat. Dieser Zeitpunkt wird, wie ein Blick auf die Verlaufsgrafik der mimischen Response zeigt, gleichzeitig zum Startpunkt für eine Phase längerfristiger mimischer Aktivität in dem bis dahin völlig unbewegten Gesicht der Versuchsperson. Der Kurvenverlauf gibt an dieser Stelle zudem eine kurzfristige Unregelmäßigkeit in der Atmung und eine ebenfalls kurzfristige Auslenkung der Motilitätskurve zu erkennen. Das fünfte Bild markiert den Moment, zu dem die elektrodermale Erregung sich auf einem neuen Niveau zu stabilisieren beginnt (Wendepunkt der Abstiegskurve), das sechste und siebente Bild zeigen Stichproben vom Ausklang der Stimulussequenz.

Die integrierte Verlaufsgrafik macht somit klar ersichtlich, daß a) bei der Wahrnehmung des Videoclips insbesondere die elektrodermale Aktivität des Betrachters pronanzierte Reaktionen zeigt, daß b) die Responseaktivität in den verschiedenen Subsystemen unterschiedlich lange andauert und daß c), die innere, vegetative Reaktion der äußeren mimischen Reaktion deutlich vorangeht. Die bewußte, kognitive Beurteilung scheint von den nonverbalen Stimuli ebenfalls in erheblichem Maße beeinflußt. Im vorliegenden Fall verweisen die Urteilsdaten auf eine bemerkenswert negative Einschätzung der Stimulusperson durch den Betrachter: In Bezug auf die Eigenschaften *competet, sympathetic, intelligent* und *fair* wurde Jesse Helms besonders niedrig eingestuft, die Eigenschaften *weak, dishonest, arrogant, cold* und *ugly* wurden ihm dagegen in ganz besonderem Maße zugeschrieben.

Ob es sich bei den erkennbaren Kontingenzen zwischen Stimulus und Response um systematische Beziehungen handelt, muß zunächst einmal offen bleiben. Denn die Frage, ob die beobachteten Verhaltensphänomene tatsächlich auf die Stimuluspräsentation zurückzuführen sind, oder aber auf Zufallsvariationen zurückgehen, kann nicht am Einzelfall geklärt werden. Diese Frage läßt sich jedoch im Rahmen gruppenstatistischer Untersuchungen beantworten, bei denen die Responsedaten anderer Versuchspersonen zum selben Stimulus, – bzw. zu weiteren im Versuchsplan vorgesehenen Stimulusvariationen – in Beziehung gesetzt und einer zufallskritischen Prüfung unterzogen werden.

6.12 Die Ermittlung der Strukturmerkmale von «Schlüsselreizen»

Selbst in Fällen, in denen die visuelle Wahrnehmung einer Person zu dezidierten kognitiven und/oder affektiven Stellungnahmen führt, ist es in der Regel keineswegs evident, welche spezifischen Stimulusmerkmale für die Reaktion des Betrachters verantwortlich sind. Auch dieser selbst ist meist völlig außerstande, anzugeben, wodurch der Eindruck, der sich ihm im Sinne eines unbewußten Schlusses aufdrängte, hervorgerufen wurde. Beim Versuch der Identifikation der Stimulusmerkmale, die den visuellen Eindruck prägen, sieht sich der Untersucher denn auch mit einem Problem konfrontiert, wie es sich in der ethologischen Verhaltensforschung im Zusammenhang mit der

Ermittlung der Spezifika der «Schlüsselreize» stellt, die bei sozialen Tieren unwillkürliche Verhaltensreaktionen auslösen.

Als Methodik zur Herausarbeitung der Stimulusmerkmale, deren rezeptorisches Korrelat die Filtermechanismen im Wahrnehmungsapparat des Betrachters darstellen, haben sich in der ethologischen Verhaltensforschung die sog. Attrappenversuche bewährt (Lorenz, 1968:37). Indem man Körperformen, Farbgebung und Bewegungsweisen von Tierattrappen in systematischer Weise veränderte, ließ sich ermitteln, welche spezifischen Elemente einer komplexen Stimuluskonfiguration für die Auslösung eines bestimmten Verhaltens maßgeblich sind. Dabei zeigte sich, daß der tierische Wahrnehmungsapparat auf optische Reizmuster anspricht, die sowohl auf die statischen, morphologischen Merkmale des beobachteten Artgenossen als auch auf dessen Bewegungsweisen Bezug nehmen. Allerdings machten diese Experimente ebenfalls deutlich, daß die relative Bedeutung der an der Auslösung der Reaktion beteiligten Elemente sehr stark variiert. So betonte etwa Lorenz: «Wenn man die relative Wirkung einzelner Merkmale gegeneinander abwiegt, so stellt sich regelmäßig heraus, daß *Bewegungsmerkmale* . . . quantitativ gewaltig über alle anderen überwiegen, so sehr, daß sie unter Umständen «unentbehrlich werden» (Lorenz, 1968:45; Hervorhebung im Original).

Um die Spezifika der Filtermechanismen aufdecken zu können, die die pragmatische Lesart nonverbaler Stimuli steuern, sollte daher ein Verfahren konzipiert werden, das es gestatten würde, nach dem Vorbild der ethologischen Attrappenversuche, auf empirischem Wege diejenigen Stimulusmerkmale zu ermitteln, die über den Mechanismus des unbewußten Schlusses unser Bild vom Andern prägen. Zu diesem Zweck wurde ein spezielles, von uns als *Skriptanimation* bezeichnetes Computeranimationsverfahren entwickelt (Kempter, 1998), mit dessen Hilfe sich auf der Grundlage der nach dem *Berner System* ermittelten Verhaltensprotokolle das komplexe Bewegungsverhalten vermittels einer Puppe auf dem Bildschirm reproduzieren und in sämtlichen Kodierungsdimensionen gezielt modifizieren läßt (vgl. Informationsbox 1). Durch die mit diesem Verfahren eröffnete Möglichkeit, sowohl das natürliche Bewegungsverhalten der Stimulusperson, als auch deren physiognomisches Erscheinungsbild experimentell kontrolliert zu verändern, bietet sich dem Untersucher die Chance, die perzeptiven Wirkungen dingfest zu machen, die von den statischen und dynamischen Aspekten des menschlichen Erscheinungsbildes ausgehen.

Informationsbox 1

Das nonverbale Verhalten trifft meist tiefer als das Wort. Aus den Haltungen, die wir im Gespräch einnehmen, aus der Art und Weise, wie wir uns bewegen, zieht unser Gesprächspartner «unbewußte Schlüsse». Deren Suggestivkraft ist so zwingend, daß man sich seines Eindrucks kaum zu erwehren weiß. Das nonverbale Verhalten stellt daher das beziehungsstiftende Element in der zwischenmenschlichen Verständigung dar. In Sekundenschnelle prägt es die Atmosphäre der Gesprächssituation. Es ist dadurch sowohl an der Entstehung als auch an der Bewältigung zwischenmenschlicher Konflikte in ganz besonderem Maße beteiligt. Um herauszufinden, auf welche spezifischen Elemente des nonverbalen Verhaltens der «unbewußte Schluß» anspricht, wurde die Methodik der *Skriptanimation* entwickelt.

Reanimation natürlicher menschlicher Bewegung

Die Grundlage der Skriptanimation bildet die Notation der Körperbewegung nach dem *Berner System*. Es liefert ein Datenprotokoll, das es gestattet, das natürliche menschliche Bewegungsverhalten in seinem ganzen Detailreichtum in Form von Positionszeitreihen gewissermaßen zu «buchstabieren». Der komplexe Bewegungsablauf wird dabei in 104 Dimensionen zerlegt und als Zeitreihe sukzessiver Positionszustände in einem Datenprotokoll niedergelegt.

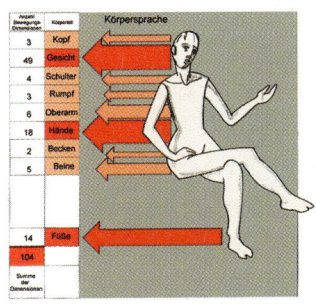

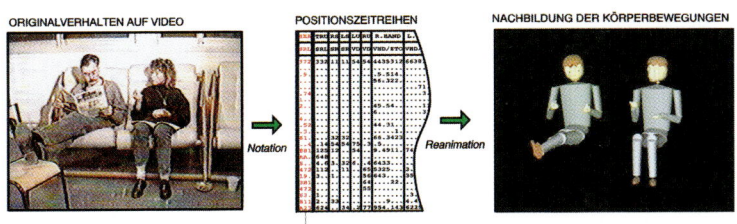

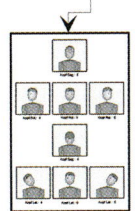

Anhand des Zeitreihenprotokolls läßt sich das natürliche menschliche Bewegungsverhalten auf dem Computer exakt nachbilden. Durch die gezielte Veränderung der einzelnen Bewegungskomponenten werden die Elemente ermittelt, die den Eindruck des Betrachters prägen. Die Reanimation erfolgt in Echtzeit mit 25 Bildern/sec.

7 «Personalisierung» durch Visualisierung?

Im Sinne einer Leitstudie zur Erforschung visueller Medienwirkungen sollte dieser Untersuchungsansatz dafür eingesetzt werden, den Prozeß der medienvermittelten Personwahrnehmung auszuloten. Die Auseinandersetzung mit dieser Thematik scheint auch für die praktischen Fragen der Politik von großer Bedeutung. Denn zum einen gehört es, wie Schulz vermerkte, «zu den am besten belegten Annahmen über die Wirkung der Medien, daß sie eher bei den Urteilen oder Einstellungen zu Personen als zu Sachverhalten eintreten» (Schulz, 1986:87). Zum andern gewinnen, in Anbetracht der zunehmenden «Personalisierung» der politischen Macht, die Meinungen, die sich die Öffentlichkeit über Personen bildet, immer mehr an Gewicht. «Früher bestimmten Ideen die Politik, heute sind es Personen», so faßte beispielsweise Schwartzenberg (1980:7) die Ansicht vieler Beobachter des aktuellen politischen Geschehens zusammen. Dementsprechend trage heutzutage jegliches politische Konzept buchstäblich «ein Gesicht» – und zwar dasjenige des Politikers, der dieses Konzept vertritt.

Nun bringen zwar auch die Printmedien ihren Lesern die spontane mimische Aktivität führender Politiker nahe. Doch erst seit der Einführung des Fernsehens wurde es möglich, die das politische Leben bestimmenden Persönlichkeiten dem Publikum im Bewegtbild Tag für Tag in voller Aktion vor Augen zu führen. Die dazu verwendeten Videoclips, die wir – in Analogie zum Zitat in der wörtlichen Rede – als «visuelle Zitate» bezeichnet haben (Bente und Frey, 1992), geben dem Zuschauer die privilegierte Möglichkeit, Personen der Zeitgeschichte gewissermaßen aus nächster Nähe zu betrachten und sich selbst «ein Bild» von ihnen zu machen.

Daß diese scheinbar ganz normale Folge des technologischen Fortschritts völlig neue Rahmenbedingungen für den Kontakt zwischen Regierenden und Regierten geschaffen hat, ist lange Zeit kaum beachtet worden. Dabei hatten weitsichtige Autoren schon in der Frühzeit des Fernsehens darauf aufmerksam gemacht, daß mit der Verbreitung des neuen Mediums eine höchst ungewöhnliche Situation entstanden ist. Erstmals in der Geschichte der Menschheit, so machten etwa Horton and Wohl (1956) geltend, würden jetzt «selbst die er-

95

lauchtesten und illustersten Persönlichkeiten» dem einfachen Bürger so nahe vor Augen treten, «als gehörten sie zu dessen Bekanntenkreis» (Horton and Wohl, 1956:215). Dieser Umstand bringe für die Einschätzung prominenter Persönlichkeiten ganz neue Kriterien ins Spiel. Indem nämlich das Fernsehen dem Zuschauer «Nuancen des Aussehens und der Gestik zugänglich macht, an der sich die normale soziale Wahrnehmung orientiert» (Horton and Wohl, 1956:215), würden bei der Beurteilung selbst hochrangiger Personen jene spontanen Informationsverarbeitungsprozesse aktiviert, derer sich die Menschen im Alltag, bei der Beurteilung ihrer sozialen Umgebung bedienen.

Auf die Implikationen, die sich daraus für die politische Meinungsbildung ergeben, hat in neuerer Zeit insbesondere die Arbeitsgruppe um den amerikanischen Politologen Roger Masters aufmerksam gemacht. Das bloße Erscheinen eines Kandidaten auf dem Bildschirm aktiviere, den Vorstellungen dieser Autoren zufolge, im Zuschauer autonome vegetative Prozesse, die eine spontane emotionale Stellungnahme zu der wahrgenommenen Person auslöse (Masters, 1981; 1989; Lanzetta et al. 1985; McHugo et al, 1985; Warnecke et al., 1991). Diese auf das *Individuum* gerichtete affektive Reaktion führe wiederum dazu, daß im Hinblick auf die Wahlentscheidung des Zuschauers die *Person des Kandidaten* oft weitaus wichtiger werde als die Frage, welcher Partei er angehört oder welche Sachposition er vertritt (Lanzetta et al., 1985:85). Die tagtägliche optische Präsenz politischer Mandatsträger auf dem Bildschirm sei somit nicht nur die Hauptursache für die, seit den fünfziger Jahren zu beobachtende, immer stärkere Personalisierung des politischen Wahlkampfs. Indem nämlich das Fernsehen vorwiegend den Augensinn bediene, leiste es vielmehr ganz massiv einer Entwicklung Vorschub, bei der sich die rationale Auseinandersetzung mit komplexen politischen Sachverhalten immer mehr verkürzt auf die Beurteilung von Personen, bzw. «Persönlichkeiten».

Bezüglich der Frage nach den Stimuli, die die personalisierende Meinungsbildung maßgeblich bestimmen, vertraten Masters und seine Mitarbeiter die Ansicht, daß die im Rahmen von TV-Nachrichten scheinbar ganz beiläufig und unaufdringlich präsentierten «Stichproben» vom nonverbalen Verhalten politischer Akteure einen entscheidenden Einfluß auf deren Beurteilung durch die Öffentlichkeit nehme. Ja, die Wirkung der oft nur wenige Sekunden dauernden Einblendungen visueller Zitate, wie sie in den TV-Nachrichten aller Länder und Kulturen gang und gäbe sind, sei oft so übermächtig, daß sie – wie sich dies etwa an dem vielzitierten Fall Ronald Reagans erweise – eine «Art Tefloneffekt» (Lanzetta et al., 1985:113) zustande bringen könnten, demzufolge bestimmte politische Akteure selbst bei ihren Gegnern auf Sympathie und Nachsicht für politische Positionen und Handlungen stoßen, die die Zuschauer anderen Politikern, denen das nonverbale Charisma abgehe, höchst übel nehmen würden.

8 Medienwirkung nonverbaler Kommunikation im interkulturellen Vergleich

In einer politisch immer mehr zusammenwachsenden Welt, in der Repräsentanten verschiedenster Länder und Kulturen regelmäßig in TV-Nachrichten in Erscheinung treten, ist die Untersuchung der von visuellen Zitaten ausgehenden Wirkungen nicht zuletzt im Hinblick auf die Stereotypenbildung interessant. Wie vor allem der Kulturanthropologe Ray Birdwhistell (1970) deutlich machte, ist das individuelle nonverbale Verhalten durch kulturelle Einflüsse oft stark überformt. So zeigte sich in dessen Untersuchungen, daß in verschiedenen geographischen Regionen der USA Unterschiede im nonverbalen Verhalten bestehen, die so systematisch sind, daß man, fast wie im Falle der Lautsprache, von regionalen «Dialekten» sprechen könne. Vergliche man das Bewegungsverhalten von Angehörigen verschiedener Nationen, so stoße man gar auf Differenzen, die oft nicht weniger sinnfällig seien, als die Unterschiede zwischen verschiedenen Lautsprachen. Das «von Franzosen, Deutschen und Engländern» dargebotene nonverbale Verhalten sei beispielsweise kaum weniger kraß «unterschiedlich, als die von diesen gesprochenen Sprachen» (Birdwhistell, 1970:99).

Neuere Untersuchungen zum Interaktionsverhalten mehrsprachiger Personen machen zudem deutlich, daß die «muttersprachliche» Prägung der sprachbegleitenden Bewegungsaktivität erstaunlich robust ist. So zeigte sich in einer interkulturellen Studie, die wir gemeinsam mit dem französischen Linguisten Alfred Raveau durchführten, daß der Erwerb einer Fremdsprache auf das individuelle nonverbale Verhalten kaum Einfluß nimmt. Zwar unterschied sich das von Franzosen und Spaniern dargebotene Bewegungsverhalten selbst dann erheblich voneinander, wenn diese den wörtlich gleichen Dialog führten. Eine Längsschnittuntersuchung der Veränderungen, die sich in der Folge wachsender Fremdsprachenkompetenz einstellten, machte allerdings deutlich, daß die Differenzen im nonverbalen Verhalten mit zunehmender Beherrschung der Fremdsprache keineswegs verschwanden: Nach einem Jahr intensiven Spanischunterrichts sprachen unsere französischen Versuchspersonen zwar nahezu akzentfrei Spanisch, aber sie bewegten sich dazu nach wie vor «französisch» (Frey, Raveau, Kempter, Darnaud & Argentin, 1993).

In Anbetracht der oft bemerkenswerten Konsequenzen, die die bloße Wahrnehmung derartiger Verhaltensunterschiede speziell in der interkulturellen Verständigung nach sich ziehen kann (Hall, 1959), schien es im Hinblick auf die Untersuchung der Medienwirkung nonverbaler Kommunikation von besonderem Interesse, zu prüfen, ob die pragmatischen Wirkungen visueller Zitate sich auch über die Sprach- und Kulturgrenzen hinaus entfalten. Zu diesem Zweck wurde in enger Kooperation mit Roger Masters und Alfred Raveau eine interkulturelle Vergleichsstudie konzipiert, die erste empirische Informationen über die kognitiven und affektiven Wirkungen liefern sollte, die von den visuellen Zitaten ausgehen, die in amerikanischen, französischen und deutschen TV-Nachrichten Verwendung finden. Dazu war es nötig, das Untersuchungsinteresse einerseits auf das Repertoire und die medientechnische Aufbereitung der nonverbalen Verhaltensweisen zu richten. Auf der anderen Seite war es erforderlich, den auf diese optische Darbietung bezogenen Wahrnehmungsprozeß der Zuschauer zu analysieren. Beide Teilaspekte der Medienwirkungsanalyse gleichsam übergreifend, sollte ferner untersucht werden, in wieweit das Repertoire nonverbaler Verhaltensformen und deren kognitive und affektive Interpretationsmodi durch Fernsehzuschauer kulturspezifisch bzw. kulturindifferent sind.

8.1 Das Ausmaß der Durchsetzung von TV-Nachrichten mit visuellen Zitaten[9]

Als Ausgangsmaterial dieser Untersuchung dienten TV-Abendnachrichten, die in Deutschland, Frankreich und USA über einen Zeitraum von 31 Tagen hinweg (März 1987) simultan, in insgesamt 6 Kanälen (ARD: Tagesschau, ZDF: Heute, TF1: Vingt Heures, A2: Le Journal, CBS: Nightly Evening News, NBC: Nightly News) aufgezeichnet worden waren. Im Rahmen einer Strukturanalyse von insgesamt 181 Nachrichtensendungen sollte zunächst einmal geklärt werden, in welchem Umfang die Fernsehanstalten der drei Länder im Rahmen ihrer täglichen Berichterstattung von Bewegtbildpräsentationen politischer Funktionsträger Gebrauch machen. Dabei zeigte

---

9 Die Ausführungen in diesem und dem nachfolgenden Kapitel 8.2 basieren auf den in Frey und Bente (1989), Masters, Frey und Bente (1991) und Bente und Frey (1992) referierten Analyseergebnissen.

sich, daß das Szenario von TV-Nachrichten sich in massiver Weise auf visuelle Zitate stützt. Kaum je wird eine Nachricht übermittelt, ohne daß die am jeweiligen politischen Geschehen unmittelbar Beteiligten dem Zuschauer scheinbar persönlich vor Augen treten. Dementsprechend waren die hier untersuchten Nachrichtensendungen aus allen drei Ländern nahezu von Anfang bis Ende mit Aufnahmen von Politikern durchsetzt. Selbst die «tägliche Dosis» visueller Zitate, die dem Zuschauer im Rahmen der Abendnachrichten verabreicht wurde, war über die Grenzen der Länder und Kulturen hinweg praktisch konstant. Sie betrug – ungeachtet der zum Teil erheblichen Unterschiede in der Gesamtdauer der Nachrichtensendungen – jeweils fast genau drei Minuten.

Daß diese hohe Befrachtung der Nachrichten mit Bildern von Politikern relativ unaufdringlich bleibt und sich erst einer genaueren Analyse erschließt, hängt wohl mit der generellen Praxis der Fernsehanstalten zusammen, die einzelnen Videoclips jeweils äußerst kurz zu halten. So ergab die Analyse der in diesem Material enthaltenen 4131 visuellen Zitate (die von insgesamt 531 verschiedenen Akteuren stammten) eine mittlere Expositionszeit von nur 8,4 Sekunden. Die Meßwerte waren zudem stark linksschief um diesen Mittelwert verteilt: die weitaus meisten Clips lagen zwischen drei und sechs Sekunden, der häufigste Wert (Modalwert) betrug vier Sekunden.

Neben kulturellen Invarianten förderte die Strukturanalyse jedoch auch eine Reihe hochsignifikanter nationaler Unterschiede in der medientechnischen Handhabung visueller Zitate zutage, über deren Existenz bisher wenig bekannt war. Diese betrafen zum einen die von Horton und Wohl (1956) als *para-proxemische Variation* bezeichnete optische Abbildungsgröße, die die subjektive räumliche Distanz – und damit gleichzeitig die «körperliche Nähe» – zwischen Betrachter und Betrachtetem definiert. Statistisch bedeutsame nationale Unterschiede zeigten sich zudem sowohl im Hinblick auf die Dauer visueller Zitate als auch deren Plazierung innerhalb der Nachrichtensendung.

Die beiden amerikanischen Sender wählten jeweils bevorzugt Kameraeinstellungen, die die politischen Akteure dem Auge des Betrachters derart nahe rückten, daß die subjektive Entfernung meist der von Hall (1959) als «intime Distanz» bezeichneten Nähe entsprach. Im Gegensatz hierzu arbeiten die europäischen Sender, wie die Analyse von rund 82 000 Messungen aus insgesamt mehr als elf Stunden visueller Zitate ergab, vorwiegend mit Kameraeinstellungen, die eine vergleichsweise «ehrfürchtige» Distanz zu den abgebildeten Politikern simulierten. Auffällig war zudem, daß die beiden US-Sender den Auftritt eines Politikers nur etwa halb so lang gestalteten, als dies die europäischen Sender zu tun pflegten. Bereits nach durchschnittlich 15 Sekunden verschwand im US-Fernsehen ein politischer Akteur (für diesen Tag) wieder von der Bildfläche. Die deutschen und französischen Nachrichtensender räumten ihm im Mittel immerhin eine halbe Minute Sendezeit ein. Auch der Wert für die Zeitspanne, in der dem Zuschauer das nonverbale Verhalten eines Akteurs kontinuierlich, ohne Zeitsprung und medientechnische Zäsur, präsentiert wurde, lag in den USA signifikant niedriger. Die Durchschnittsdauer visueller Zitate betrug in den amerikanischen TV-Nachrichten knapp sieben Sekunden, in Frankreich und in der Bundesrepublik lag der entsprechende Wert mit ca. elf Sekunden um fast sechzig Prozent höher. Dafür traten allerdings in den amerikanischen Nachrichten nahezu vierzig Prozent mehr Politiker auf als in den europäischen Sendungen. Der Grad, in dem die US-Nachrichten mit Bewegtbildpräsentationen politischer Funktionsträger durchsetzt waren, lag in den USA denn auch keineswegs niedriger als bei den europäischen Sendern.

Systematische nationale Unterschiede im Umgang mit visuellen Zitaten fanden sich jedoch auch zwischen den beiden europäischen Ländern. Diese betrafen vor allem die spezifische Art und Weise, in der die *in vivo*-Präsentationen der Politiker in den zeitlichen Ablauf der Nachrichtensendungen eingewoben waren. Die Abbildungen 8 und 9 illustrieren dies an der Gegenüberstellung der Zeitstruktur der Nachrichten von ARD und ZDF einerseits und der von TF1 und A2 andererseits. Wie aus den Grafiken unmittelbar ersichtlich wird, setzte die personbezogene politische Berichterstattung bei den deutschen Sendern wesentlich früher ein als bei den französischen Sendern. Sowohl ARD als auch ZDF fallen sozusagen mit der Politik ins Haus: im Durchschnitt verstreichen weniger als zwei Minuten bis der erste Politiker vor den Augen des Fernsehpublikums persönlich in Erscheinung tritt. Ganz anders die beiden französischen Sender. Die «Meldungen des Tages», mit der die Nachrichtensendungen jeweils eröffnet werden, bleiben dort in der Regel anderen, meist kulturellen, Themen vorbehalten. Der Beginn der politischen Berichterstattung war dementsprechend sowohl bei TF1 als auch bei A2 deutlich – und um etwa dieselbe Zeitmarge – zurückversetzt: Erst etwa fünf Minuten nach dem Beginn der Nachrichtensendung betrat schließlich der erste Politiker die Bühne des Fernsehens.

Nicht nur beim Einstieg in die politische Bildberichterstattung kommen die deutschen Sender sozusagen ohne Umschweife zur Sache. Auch im Hinblick auf die Länge der «Atempausen» zwischen aufeinanderfolgenden visuellen Zitaten ergaben sich, wie aus den Abbildungen 8 und 9 ebenfalls hervorgeht, charakteristische nationale Unterschiede. Für die französischen Nachrichten ermittelten wir ein durchschnittliches Pausenintervall von genau zwei Minuten Länge; die Werte der amerikanischen Sender lagen mit mehr als eineinhalb Minuten nur geringfügig darunter. In den deutschen Nachrichtensendungen verstrichen dagegen im Durchschnitt nur 37 Sekunden, bis erneut ein Politiker auf der Bildfläche erschien: ein visuelles Zitat, so könnte man fast sagen, jagte hier das andere. Da die deutschen Nachrichtensendungen zudem eine erheblich kürzere Gesamtdauer aufwiesen, war die Bildberichterstattung in noch stärkerem Maße mit visuellen Zitaten gesättigt: sowohl im Vergleich zu den französischen als auch zu den amerikanischen Sendungen war ihr Anteil an der Gesamtzeit der Nachrichtensendung um mehr als 50 Prozent erhöht. Man kann denn auch sagen, daß die deutschen Fernsehzuschauer einer noch weitaus intensiveren nonverbalen Stimulation durch Politiker ausgesetzt sind als die amerikanischen und französischen Zuschauer.

ZEITSTRUKTUR VISUELLER ZITATE
DEUTSCHLAND 1 : ARD

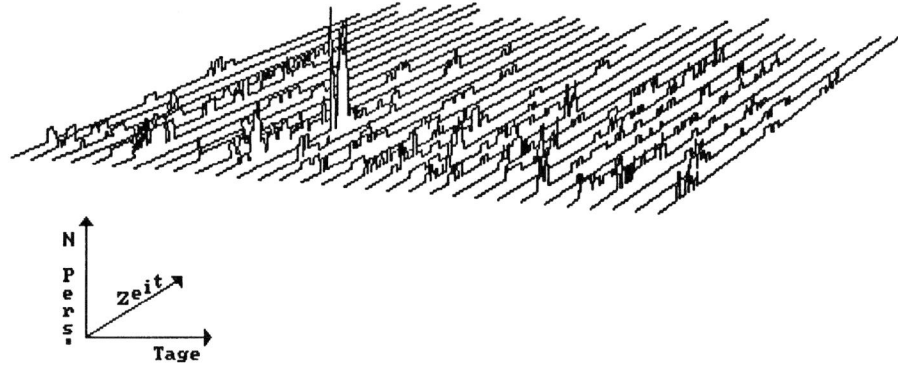

ZEITSTRUKTUR VISUELLER ZITATE
DEUTSCHLAND 2 : ZDF

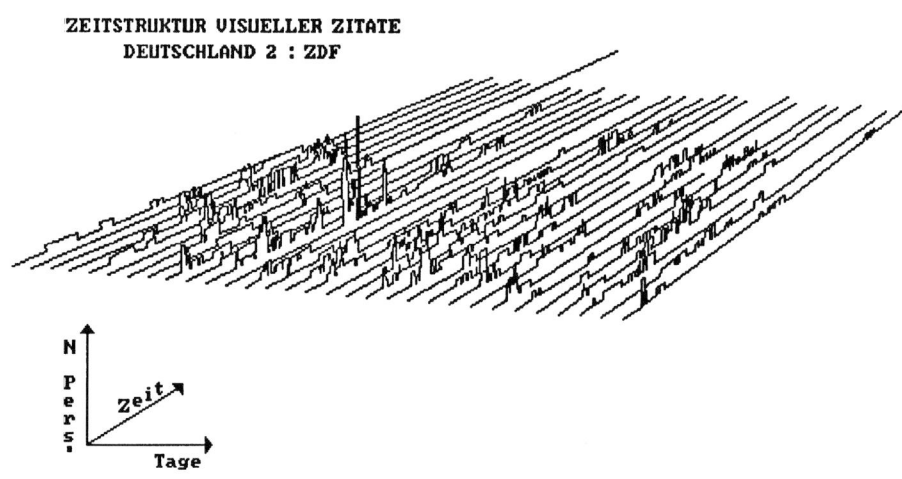

Abbildung 8: Grafische Verlaufsanalyse der Zeitstruktur visueller Zitate in den deutschsprachigen Fernsehnachrichten für die Sender ARD und ZDF an 31 Tagen im März 1987 (die x-Achse repräsentiert, von links nach rechts, die 31 Sendetage; die z-Achse den zeitlichen Verlauf der einzelnen Nachrichtensendung; die y-Achse gibt Aufschluß über die Anzahl der jeweils gleichzeitig ins Bild gesetzten politischen Akteure).

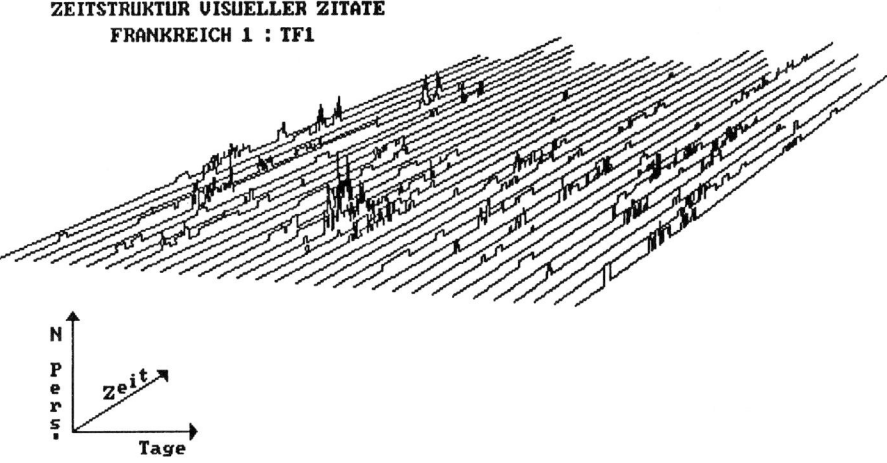

ZEITSTRUKTUR VISUELLER ZITATE
FRANKREICH 1 : TF1

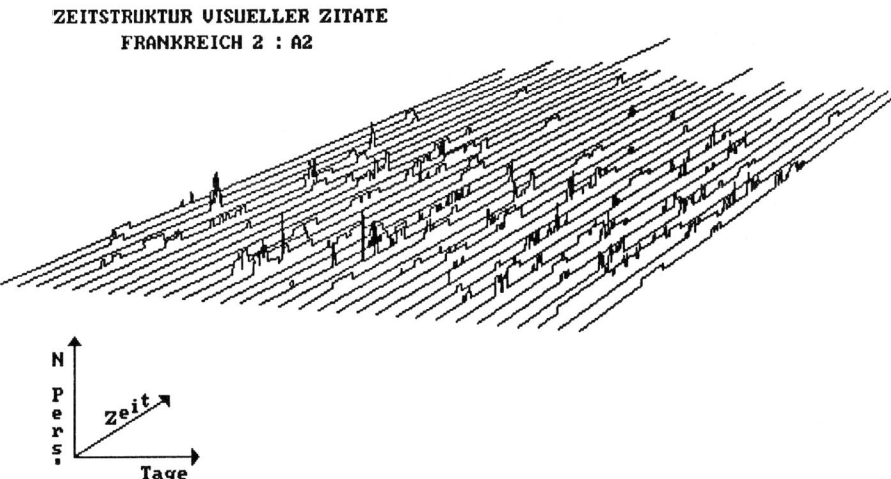

ZEITSTRUKTUR VISUELLER ZITATE
FRANKREICH 2 : A2

Abbildung 9: Grafische Verlaufsanalyse der Zeitstruktur visueller Zitate in den französischen Fernsehnachrichten für die Sender TF1 und Antenne2 an 31 Tagen im März 1987 (die x-Achse repräsentiert, von links nach rechts, die 31 Sendetage; die z-Achse den zeitlichen Verlauf der einzelnen Nachrichtensendung; die y-Achse gibt Aufschluß über die Anzahl der jeweils gleichzeitig ins Bild gesetzten politischen Akteure).

8.2 Regierungsformen, Machtgefüge und Medienpräsenz politischer Akteure

Die hohe Systematik im Umgang mit visuellen Zitaten, die in diesen Ergebnissen zum Ausdruck kommt, kann als ein erstes Indiz dafür gesehen werden, daß im Hinblick auf die Art und Weise, mit denen die Fernsehzuschauer der verschiedenen Länder mit Bewegtbildpräsentationen von Politikern konfrontiert werden, Unterschiede bestehen, die möglicherweise in subtiler Weise auf das politische Geschehen der einzelnen Länder Einfluß nehmen. Dies um so mehr als das Medium Fernsehen allein schon durch die Häufigkeit, mit der die verschiedenen Politiker in den Fernsehnachrichten erscheinen, den politischen Rang eines jeden einzelnen Akteurs in den Augen der Öffentlichkeit immer wieder erneut bekräftigt oder aber auf diskrete Weise neu ordnet.

In Anbetracht der Tatsache, daß innerhalb von Nachrichtensendungen in der Regel Politiker der verschiedensten Couleur auf dem Bildschirm in Erscheinung treten, könnte man durchaus zu dem Eindruck gelangen, das Fernsehen lenke die Aufmerksamkeit der Zuschauer in annähernd gleichem Ausmaß auf das ganze Spektrum der am politischen Geschehen beteiligten Akteure. Auch der Umstand, daß selbst die prominentesten Politiker stets nur für wenige Sekunden – und damit scheinbar ebenso beiläufig wie ihre weniger bekannten Kollegen – präsentiert werden, könnte zu dem Schluß verleiten, das Fernsehen bilde ein Forum, das dem Zuschauer die ganze Vielfalt politischer Positionen und Persönlichkeiten in quasi ausgewogener Weise zur Kenntnis bringt. Derartige Vorstellungen erweisen sich allerdings als ein fundamentaler Trugschluß, sobald man den Blickwinkel der Analyse über den Tag hinaus erweitert.

Der Vergleich der Präsenzzeiten der 531 Politiker, die im Untersuchungszeitraum von den sechs Sendern insgesamt aufgeboten worden waren, machte deutlich, daß die Medienpräsenz der verschiedenen politischen Akteure in weitem Umfang variiert. So waren überhaupt nur 13 der 531 Politiker in den TV-Nachrichten mehrerer Länder präsent. Aber auch innerhalb der nationalen Nachrichten war die Aufmerksamkeit des Mediums in sehr unterschiedlichem Ausmaß auf die verschiedenen Akteure ausgerichtet. Während die weitaus meisten Politiker bereits nach wenigen kurzen Auftritten auf dem Bildschirm sozusagen wieder völlig in der Versenkung verschwanden, waren andere in den Fernsehnachrichten Tag für Tag, fast möchte man sagen «penetrant», präsent.

Interessanterweise strukturierte sich im Hinblick auf die kumulative Medienpräsenz die politische Klasse aber keineswegs nur in «Ritter und Fußvolk». Zwar führten die Fernsehanstalten in allen drei Ländern den Zuschauern bevorzugt die jeweiligen Spitzenpolitiker vor Augen. Im Hinblick auf das relative Ausmaß, in dem die politisch führenden Persönlichkeiten auf den Bildschirmen dominierten, ergaben sich jedoch hochsignifikante nationale Unterschiede. Diese scheinen in verblüffender Weise die Machtverhältnisse widerzuspiegeln, die von der jeweiligen Verfassung der drei Länder vorgegeben werden.

Die Abbildungen 10 a, b, c veranschaulichen diesen Sachverhalt an der Verteilung der kumulierten Präsenzzeiten der Politiker, die in den Nachrichten der verschiedenen Länder aufgetreten waren. Entsprechend ihrer jeweiligen Präsenzzeit auf dem Bildschirm wurden diese Politiker entlang einer Displaypyramide plaziert, deren Stufen jeweils 0,5 Prozent der Gesamtzeit der in den einzelnen Ländern im Untersuchungsmonat insgesamt ausgestrahlten visuellen Zitate betragen. Namentlich ausgewiesen wurden in den Grafiken jeweils nur diejenigen Politiker, deren Medienpräsenz mindestens fünf Prozent der Gesamtzeit aller visueller Zitate des jeweiligen Landes erreichte. Alle anderen Akteure sind lediglich durch einen Stern repräsentiert.

Wie aus den Abbildungen unmittelbar hervorgeht, bestehen markante Unterschiede in dem Ausmaß, in dem die führenden Politiker der drei Nationen innerhalb der Nachrichtensendungen ihrer Länder die Bildschirme beherrschten. Unter den insgesamt 146 Politikern, die im Untersuchungszeitraum in den deutschen TV-Nachrichten präsentiert wurden, standen mit damaligem Bundeskanzler und Bundespräsident zwar die beiden Politiker mit dem höchsten Status an der Spitze der Medienpräsenzpyramide. Sie sind gleichwohl vom Feld der übrigen Politiker vergleichsweise wenig abgehoben – gerade so, als spiegelten sich hierin die machtpolitischen Gegebenheiten einer parlamentarischen Demokratie, in der den führenden Persönlichkeiten allein schon von der Verfassung her mehr die Rolle eines *primus inter pares* zukommt.

In weitaus höherem Maße als in den deutschen Nachrichtensendungen war die Bildberichterstattung in den französischen Nachrichten auf Staatschef Mitterrand und seinen damaligen Regierungschef Chirac zentriert. Mit der Zuweisung von einem insgesamt nahezu vierzigprozentigen Anteil an der Gesamtzeit der im Untersuchungszeitraum überhaupt ausgestrahlten visuellen Zitate, verblieb für die restlichen 174 Politiker, die das französische Fernsehen dem Publikum vorstellte, nur so wenig Präsenzzeit, daß diese praktisch allesamt wie Randfiguren des politischen Lebens erscheinen mußten. Die hier zutage tretende, höchst ungleiche Verteilung der visuellen Präsenzzeiten erscheint wiederum wie ein Gegenstück zu den besonderen Gegebenheiten der französischen Präsidialdemokratie. Diese räumt einerseits dem Präsidenten ganz besondere Vollmachten ein. Sie zwingt ihn andererseits dazu, im Rahmen der sog. *cohabitation,* mit einem ebenfalls mit erheblichen Vollmachten ausgestatteten Regierungschef zusammenzuarbeiten, der u. U. – wie dies im Untersuchungszeitraum tatsächlich der Fall war – eine gänzlich andere politische Richtung vertritt.

In den amerikanischen Nachrichtensendungen traten, wie der Vergleich der Abbildungen 10 a, b, c zeigt, noch weitaus mehr politische Funktionsträger auf als in den deutschen und französischen Nachrichten. Und doch waren die US-Nachrichten, wie die Grafiken ebenfalls verdeutlichen, wie in keinem anderen Land von einer einzigen Person dominiert. Die weitaus meisten der insgesamt 222 Politiker, die im

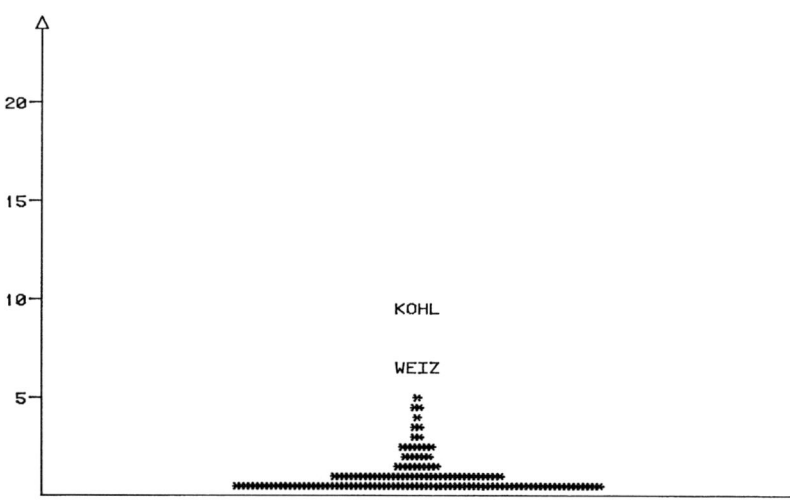

Abbildung 10 a: Rangordnung der Medienpräsenz: Prozentualer Anteil einzelner politischer Akteure an der Gesamtdarbietungszeit in den deutschen Nachrichten.

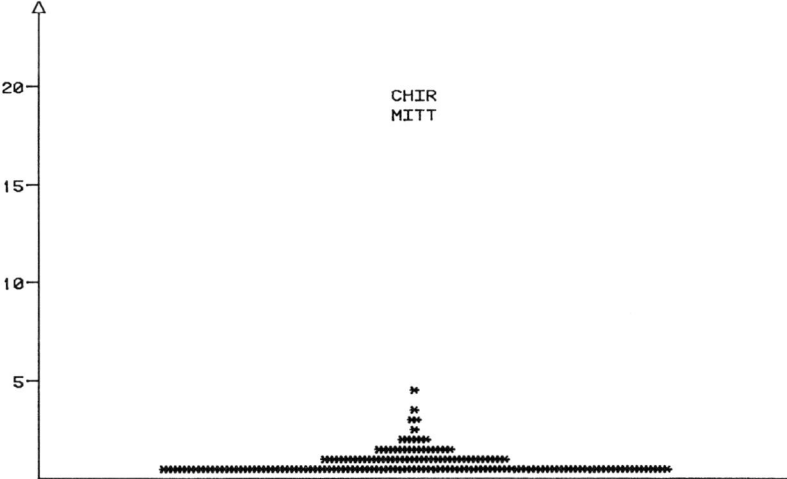

Abbildung 10b: Rangordnung der Medienpräsenz: Prozentualer Anteil einzelner politischer Akteure an der Gesamtdarbietungszeit in den französischen Nachrichten.

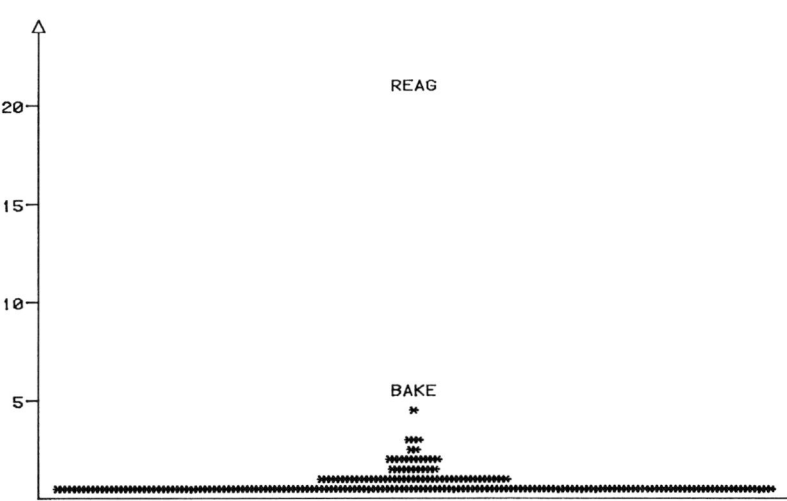

Abbildung 10c: Rangordnung der Medienpräsenz: Prozentualer Anteil einzelner politischer Akteure an der Gesamtdarbietungszeit in den amerikanischen Nachrichten.

Rahmen der amerikanischen Nachrichtensendungen präsentiert worden waren, traten dem Publikum nur so kurz vor Augen, daß man geneigt ist, von einem fast schemenhaften Auftritt zu sprechen. Präsident Reagan dagegen thronte, mit über 20 Prozent Anteil an der für visuelle Zitate insgesamt reservierten Zeit, in buchstäblich einsamer Höhe über dem nächsten im Feld, seinem damaligen Stabschef im Weißen Haus, Howard Baker. Auch hier wäre zu überlegen, ob die besondere, gewissermaßen in sich widersprüchliche Tendenzen dokumentierende Verteilungsform visueller Zitate ein Pendant darstellt zu dem zwiespältigen Umgang mit der politischen Macht, der schon immer ein Charakteristikum der amerikanischen politischen Kultur darstellte. Sie strebt einerseits, wie bereits Tocqueville (1836) betonte, nach einer Dezentralisierung der politischen Macht, und damit nach der Schwächung des sog. *big government* zugunsten einer möglichst breiten Partizipation der Bürger am politischen Leben im Sinne demokratischer Entscheidungsprozesse. Andererseits räumt sie jedoch gleichzeitig dem Präsidenten der Vereinigten Staaten derart weitreichende Entscheidungsbefugnisse ein, daß dieser nicht zu Unrecht als «der mächtigste Mann der Welt» apostrophiert wird.

8.3 Visuelle Medienwirkungen

Hinter der Vielfalt und Komplexität des auf dem Bildschirm ablaufenden Geschehens traten denn auch bereits in diesen ersten Strukturanalysen zumindest die Umrisse eines ländertypischen Musters zutage, nach welchem sich der visuelle Input konfiguriert, der die Grundlage für die medienvermittelte Personwahrnehmung darstellt. Da die Auswahl und medientechnische Aufbereitung der dem Auge des Zuschauers präsentierten visuellen Information allein schon wegen des Zeitdrucks, unter dem die tägliche Medienberichterstattung steht, intuitiv, oder zumindest ohne explizierte formale Entscheidungsregeln, erfolgen muß, kann man annehmen, daß die Prinzipien, die die visuelle Präsentation von Politikern im Fernsehen regeln, wohl noch nicht einmal den Nachrichtenredakteuren selbst voll bewußt sind. Dies freilich schwächt die von der Bildkommunikation ausgehende potentielle Wirkung keineswegs, sondern kann sie u. U. sogar noch erheblich verstärken.

Welche spezifischen kognitiven und emotionalen Wirkungen die medienvermittelten nonverbalen Stimuli bei den Zuschauern hervorrufen, kann durch die Strukturanalyse des visuellen Inputs allein freilich noch nicht geklärt werden. Diese Frage läßt sich vielmehr nur durch die Untersuchung des Rezeptionsprozesses auf seiten des Betrachters selbst beantworten. Um erste empirische Informationen über die Effekte zu gewinnen, die visuelle Zitate auf die Personenwahrnehmung – und damit indirekt auf die politische Meinungsbildung – ausüben, sollte daher in einem weiteren Untersuchungsschritt ermittelt werden, wie deutsche, französische und amerikanische Zuschauer auf die in die TV-Nachrichten der drei Länder eingebundenen Bewegtbildpräsentationen von Politikern reagieren.

Zu diesem Zweck wurden in den USA, Frankreich und Deutschland experimentelle Rezeptionsuntersuchungen durchgeführt, bei denen der im Rahmen des DFG-Schwerpunktprogramms konzipierte, neu entwickelte Untersuchungsansatz erstmals eingesetzt wurde, um die subtilen kognitiven und affektiven Wirkungen zu studieren, die das medienvermittelte nonverbale Verhalten von Politikern bei Betrachtern aus verschiedenen Ländern auslöste. Als Stimulusmaterial fungierten dabei insgesamt 180 Videoclips von jeweils zehn Sekunden Dauer, die das nonverbale Verhalten von 60 amerikanischen, 60 französischen und 60 deutschen Politikern zeigten[10]. Versuchspersonen waren insgesamt 55 amerikanische, 85 französische und 81 deutsche Studierende[11].

Die Untersuchungen wurden in den drei Ländern jeweils im Einzelversuch durchgeführt. In einem ersten Versuchsdurchgang wurden

---

10 Diese Stichprobe enthielt praktisch die gesamte Population der amerikanischen, französischen und deutschen Politiker, die in den untersuchten Nachrichtensendungen für einen Zeitraum von zehn Sekunden oder länger auf dem Bildschirm gut sichtbar (kurze Kameradistanz, unverdeckte Aufnahme) präsentiert worden waren. In einigen Fällen mußte, um den nationalen Stichprobenanteil zu gewährleisten, auf Clips kürzerer Zeitdauer (6 bis 9 sec) zurückgegriffen werden bzw. auf Clips, in denen die Politiker nicht bildfüllend, sondern zusammen mit anderen politischen Akteuren abgebildet waren. Die Namensliste der 180 Stimuluspersonen sowie eine knappe Charakterisierung ihrer politischen Funktion zum Zeitpunkt der Sendung findet sich im Anhang.

11 Die amerikanischen Versuchspersonen (Vpn) studierten Politikwissenschaft am *Dartmouth College*, einer zur amerikanischen *Ivy League* zählenden Eliteuniversität in Hanover, N. H.; die französischen Probanden waren Studenten der Kommunikationswissenschaft an der *Groupe de Recherche sur la Parole* des *Centre National de la Recherche Scientifique (CNRS)* an der *Université de Paris VIII*, die deutschen Vpn studierten Politikwissenschaft und Soziologie an der *Universität Duisburg*.

die äußeren und inneren Reaktionen der Versuchspersonen während der Betrachtung der visuellen Zitate online, im Takt der Videofrequenz von 50 Hertz, erfaßt. Die Videoclips der 180 Politiker wurden den Versuchspersonen ohne Ton, in zufälliger Reihenfolge dargeboten; zwischen die einzelnen Clips war jeweils eine Schwarzphase von zwei Sekunden Dauer montiert. Je nach Versuchsbedingung erfolgte die Stimulusdarbietung entweder auf einem normalen Fernsehbildschirm oder aber im okulometrischen Sichtgerät[12].

Die Betrachter wurden dabei angewiesen, das etwa 35 Minuten dauernde Stimulusband einfach zu betrachten und das Erkennen eines Politikers jeweils durch Knopfdruck auf einen Joystick anzuzeigen. Um den Versuchspersonen keine Hinweise auf die Identität oder Nationalität derjenigen Stimuluspersonen zu geben, die sie nicht kannten, waren auf den Stimulusbändern eventuelle Namenseinblendungen oder Senderkennungen durch Mosaikmuster unkenntlich gemacht worden. Zur Ermittlung der kognitiven Eindrucksurteile wurden die Versuchspersonen in einem zweiten Untersuchungsschritt gebeten, das Videomaterial erneut zu sichten und ihren jeweiligen Eindruck von den verschiedenen Politikern auf einer aus 15 bi-polaren Dimensionen bestehenden Beurteilungsskala wiederzugeben[13]. Anhand eines sog. «Rating-Thermometers» sollten sie zudem das Ausmaß angeben, in dem sie sich zu den einzelnen Stimuluspersonen innerlich hingezogen oder abgestoßen fühlten.

Gemäß der Zielsetzung des DFG-Schwerpunktprogramms sollte durch die in den drei Ländern durchgeführte Rezeptionsstudie Grundlagenwissen über die psychischen Wirkungen der über das Medium Fernsehen vermittelten Personendarstellung erarbeitet werden. Dementsprechend zielte die Analyse der im Rahmen dieser Experimente erhobenen Daten in erster Linie auf die Beantwortung der folgenden fünf Fragenkomplexe ab:

• Werden politische Akteure allein aufgrund der äußerst kurzfristigen visuellen Displays, wie sie das Fernsehen im Rahmen von Nachrichtensendungen darbietet, systematisch unterschiedlich beurteilt?

---

12 Die technischen Details sowie die spezifischen Leistungsmerkmale des zur online-Erfassung von Augenbewegungen und Pupillengröße entwickelten okulometrischen Meßsystems finden sich in Frey (1993 b:18 ff.).

13 Der jeweilige Wortlaut der in USA, Frankreich und Deutschland verwendeten Urteilsskalen ist in Abbildung 12 (Seite 116) wiedergegeben.

- Reagiert das autonome Nervensystem in spezifischer Weise auf die visuelle Präsentation der verschiedenen Politiker?
- Bestehen systematische Beziehungen zwischen den kognitiven Evaluationen, wie sie in der Personenbeurteilung zum Ausdruck kommen, und den psychophysiologischen Reaktionen, die mehr dem affektiven System zuzurechnen sind?
- Welche Merkmale des nonverbalen Verhaltens kovariieren mit den kognitiven Eindrucksurteilen, welche mit den Reaktionen des autonomen Nervensystems?
- Bestehen systematische nationale Unterschiede in Bezug auf die kognitive und affektive Verarbeitung der nonverbalen Stimuli.

8.31 Evidenz auf einen Blick

Aus den Ergebnissen dieser ersten Rezeptionsuntersuchung wird bereits deutlich, daß von der medienvermittelten nonverbalen Kommunikation erstaunliche Wirkungen ausgehen. Sowohl auf der kognitiven als auch auf der affektiven Ebene lösten die jeweils nur wenige Sekunden dauernden Bewegtbildpräsentionen quasi auf Anhieb dezidierte Stellungnahmen aus. Dabei war es für die Geschwindigkeit der Urteilsbildung völlig unerheblich, ob die Betrachter gegenüber einem Politiker bereits eine vorgefaßte Meinung hatten, die sie nur aus dem Gedächtnis abzurufen brauchten, oder ob sie sich diese Meinung erst bilden mußten. Offenbar entscheidet sich beim Anblick einer Person buchstäblich in Sekundenschnelle, was wir von dieser Person halten, welche Eigenschaften wir ihr zuschreiben oder absprechen, ob wir sie sympathisch finden, als langweilig erachten, als arrogant, unehrlich, intelligent, fair u. a. m. einstufen. Und ganz anders als dies bei einer rationalen Abwägung unseres Urteils der Fall wäre, geht der durch das nonverbale Verhalten ausgelöste Meinungsbildungsprozeß so automatisiert vonstatten, daß der Betrachter – um es in Lippmanns Worten auszudrücken – dafür «kaum mehr Mühe aufwenden muß, als nötig ist, um wach zu bleiben».

Inwieweit dieser Mechanismus auf das öffentliche Erscheinungsbild politischer Mandatsträger Einfluß nimmt, hängt natürlich davon ab, wie homogen der Eindruck ist, den die nonverbalen Stimuli bei den Zuschauern erwecken. Je unterschiedlicher die unbewußten Schlüsse sind, die die Betrachter aus den visuellen Zitaten ziehen, um so vernachlässigbarer erscheint deren politischer Effekt. Umgekehrt ist zu erwarten, daß das auf dem Bildschirm dargebotene nonverbale Verhalten das Image von Politikern um so nachhaltiger prägt, je einheitlicher die pragmatischen «Übersetzungsregeln» sind, mit deren Hilfe die Betrachter zu ihrem Urteil gelangen. Es war im Rahmen dieser Studie daher auch von besonderem Interesse zu prüfen, ob und inwieweit die Stimuluspersonen von den Betrachtern systematisch unterschiedlich beurteilt wurden und in welchem Ausmaß die Urteile streuten.

Die Analyse der in den USA, Frankreich und Deutschland erhobenen Daten zeigt, daß visuelle Zitate in ganz erheblichem Maße zur Imagebildung beitragen können. Abbildung 11 illustriert diesen Sachverhalt am Beispiel der Verteilung der Daten, die wiedergeben, wie die amerikanische Beurteilergruppe die Politiker aus den drei Ländern hinsichtlich der Dimension *interesting-boring* einstufte. Die Mittelwerte für die 180 Stimuluspersonen wurden hierbei in Klassen von 0,2 Skaleneinheiten der Ratingskala zusammengefaßt. In die Balkengrafik wurden jeweils die ersten fünf Buchstaben der (im Anhang wiedergegebenen) Namen der Politiker eingetragen. Die Differenzierung der Werte innerhalb einer Klasse erfolgt dabei aufgrund der exakten

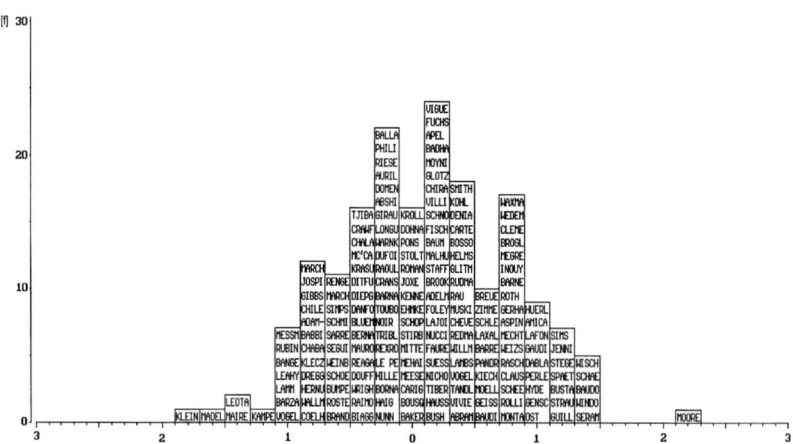

Abbildung 11: Einstufung von 180 Politikern auf der Dimension *interesting-boring* durch 55 amerikanische Beurteiler (Klassenbreite: 0,2 Skaleneinheiten; in die Balkengrafik wurden jeweils die ersten fünf Buchstaben der – im Anhang im vollen Wortlaut wiedergegebenen – Namen der Politiker eingetragen).

Mittelwerte; zur Rekonstruktion der Rangreihe aus der Grafik beginnt man beim untersten Wert der linken Säule und liest jeweils von unten nach oben.

Wie aus der Abbildung ersichtlich wird, gruppieren sich die für die einzelnen Politiker gewonnenen Urteilsmittelwerte nahezu normalverteilt entlang der Urteilsskala. Die Spannweite zwischen den Extremwerten erreicht dabei ein Ausmaß von fast vier Skalenpunkten, wobei ein ganz bestimmter Politiker, der amerikanische Kongreßabgeordnete Moore, sich bezüglich der ihm zugeschriebenen Langweiligkeit vom Feld seiner Kollegen nochmals deutlich abhebt. Auf der anderen Seite ließ das von dem deutschen Bundestagsmitglied Kleinert dargebotene nonverbale Verhalten ihn in den Augen der amerikanischen Betrachter als eine höchst interessante Persönlichkeit erscheinen. Er übertraf in dieser Hinsicht noch die französischen Politiker Madelin, Maire und Leotard, die unter den 180 Politikern die Rangplätze zwei, drei und vier einnahmen.

Die sich in diesen Daten andeutende, stark polarisierende Wirkung des nonverbalen Verhaltens ist zudem in praktisch sämtlichen von uns untersuchten Urteilsgesichtspunkten auszumachen. Wie aus Abbildung 12 hervorgeht, erreicht die Spannweite der in Deutschland, Frankreich und USA erhobenen Urteilsmittelwerte in allen 15 Dimensionen ein Ausmaß von mehr als drei Skaleneinheiten. Diese sehr unterschiedlichen Beurteilungen sind um so erstaunlicher, als die 180 Stimuluspersonen eine durchaus homogene Stichprobe bilden, die im Hinblick auf berufliche Tätigkeit, gesellschaftliche Stellung und nicht zuletzt Medienerfahrung nur wenig variiert. Diesem Umstand tragen die Ratingurteile jedoch offenbar nicht durch eine eingeschränkte Spannweite der Eigenschaftsbewertung Rechnung, sondern allenfalls durch eine Verschiebung des Urteilsspektrums um den Mittelwert. Besonders markant tritt dies bei den Einstufungen auf der Dimension *intelligent-unintelligent* zutage. Die Verteilung der Urteilsmittelwerte ist hier in allen drei Ländern um nahezu denselben Betrag nach links, in Richtung auf den Skalenpol «intelligent» verschoben. Dies bedeutet, daß übernational weitgehend Einigkeit darüber bestand, daß die 180 politischen Akteure durchweg als eher «intelligent» einzustufen seien. Die gleichwohl auch hier noch gegebene, beachtliche Spannweite der mittleren Eindrucksurteile von mehr als zwei Skalenpunkten macht allerdings deutlich, daß einige der Politiker in den Augen der Betrachter dennoch erheblich intelligenter wirkten als andere.

Faßt man die in den drei Ländern gewonnenen Eindrucksurteile zu

Polarisierung der Eindrucksbildung durch nonverbale Stimuli

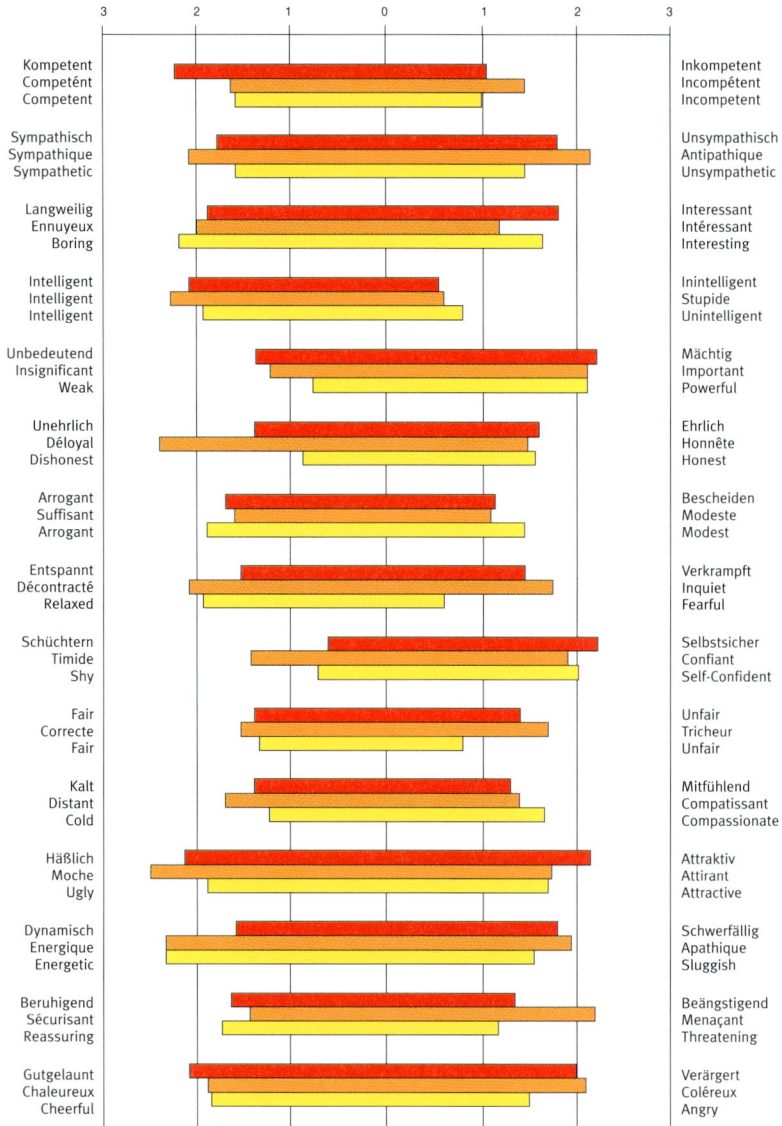

Abbildung 12: Spannweite der Mittelwerte der Beurteilung aller 180 Politiker durch deutsche ( ), französische ( ) und amerikanische ( ) Beurteiler.

einem Gesamturteil zusammen, so zeigt sich, daß das von den einzelnen Politikern dargebotene nonverbale Verhalten bei Zuschauern unterschiedlicher Nationalität zu sehr ähnlichen Eigenschaftszuschreibungen führt. Abbildung 13 illustriert diesen Sachverhalt am Beispiel der Dimension *dynamisch-schwerfällig* (bzw. *énergique-apathique, energetic-sluggish*). Die von insgesamt 55 amerikanischen, 81 deutschen und 85 französischen Versuchspersonen gewonnenen Urteilsmittelwerte für die einzelnen Politiker gruppieren sich wiederum fast ideal normalverteilt über einen weiten Skalenbereich. Beide Extrempunkte des Urteilsspektrums sind dabei von einem deutschen Politiker besetzt: Während das von dem früheren Umweltminister Wallmann dargebotene nonverbale Verhalten sowohl den deutschen als auch den amerikanischen und französischen Betrachtern den Eindruck einer überaus dynamischen Persönlichkeit erweckte, hinterließ der kurze Videoclip über Wischnewskis Verhalten bei den Zuschauern aus den drei Ländern das Bild eines ungewöhnlich schwerfälligen Akteurs.

Die enorme Suggestivkraft, die offenbar selbst von den äußerst kurzdauernden visuellen Zitaten ausgeht, ist um so bemerkenswerter, als sie auch bei Zuschauern wirksam wird, die den im Bewegtbild

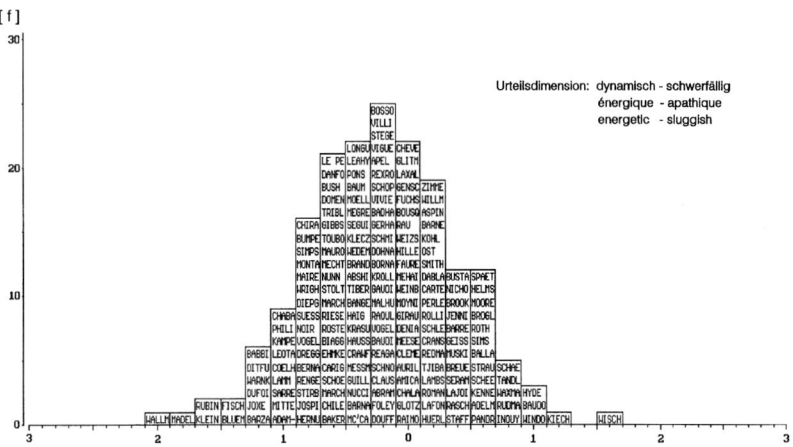

Abbildung 13: Einstufung der 180 Stimuluspersonen auf der Dimension *dynamisch-schwerfällig* (bzw. énergique-apathique, energetic-sluggish) durch 55 amerikanische, 85 französische und 81 deutsche Beurteiler.

117

präsentierten Politiker gar nicht kennen und dementsprechend keinerlei vorgefaßte Meinung haben können. Abbildung 14 illustriert dies am Beispiel der Urteile, die die amerikanischen Versuchspersonen über drei ihnen gänzlich unbekannte deutsche Politiker abgaben, die aufgrund ihres nonverbalen Verhaltens einen höchst unterschiedlichen Eindruck erweckten.

Der Kurvenverlauf gibt für jeden der drei Politiker jeweils den Rangplatz an, den dieser in den verschiedenen Urteilsdimensionen unter den insgesamt 180 Stimuluspersonen einnimmt. Die einzelnen Urteilsdimensionen sind in dieser Grafik so gepolt, daß die Werte auf der linken Hälfte der Skala positive, solche auf der rechten Skalenhälfte negative Evaluationen indizieren. Der relative Gesamteindruck, den die Akteure aufgrund ihres nonverbalen Verhaltens bei den amerikanischen Betrachtern hinterließen, läßt sich somit direkt am Kurvenverlauf ablesen. Der Eindruck, den die Stimulusperson erweckte, ist daher um so günstiger, je mehr die Kurve nach links, und um so ungünstiger, je mehr sie nach rechts verschoben ist.

Wie aus Abbildung 14 hervorgeht, führte die bloße Konfrontation mit den visuellen Zitaten bei den Rezipienten zu einem höchst nuancierten Persönlichkeitsbild. Besonders augenfällig tritt in den Grafiken der dezidierte, gleichzeitig aber auch höchst zwiespältige Eindruck zutage, den das nonverbale Verhalten Wallmanns (mittlere Grafik) hervorgerufen hat. Nicht nur in Bezug auf die ihm attestierte Dynamik, sondern auch in nahezu allen anderen hier geprüften Persönlichkeitsdimensionen sticht er in den Augen der amerikanischen Betrachter aus der Gruppe der 180 Politiker markant hervor. Während ihm jedoch einerseits hohe Werte im Hinblick auf die Eigenschaften *competent, interesting, intelligent, powerful, self-confident* und *dynamic* zugeschrieben wurden, galt er den Betrachtern gleichzeitig als *unsympathic, arrogant, threatening* und *angry*. In dem aus den 15 Adjektivdimensionen ermittelten Gesamturteil erreicht er unter den 180 politischen Akteuren denn auch lediglich den Rangplatz 81.

Weitaus homogener ist ohne Frage der Eindruck, den das von dem früheren Kanzlerkandidaten Oskar Lafontaine (untere Grafik) und das von dem langjährigen Bundesminister Norbert Blüm (obere Grafik) dargebotene nonverbale Verhalten hervorgerufen hat. Aber sowohl das höchst negative Bild, das Lafontaines nonverbales Verhalten erweckte (mit Rangplatz 180 hinterließ er den schlechtesten Eindruck von allen Politikern), als auch die überaus positive Bewertung Blüms (er erreichte unter den 180 Akteuren Rangplatz 17) weist beachtliche

Spontane Eindrucksbildung durch nonverbale Stimuli

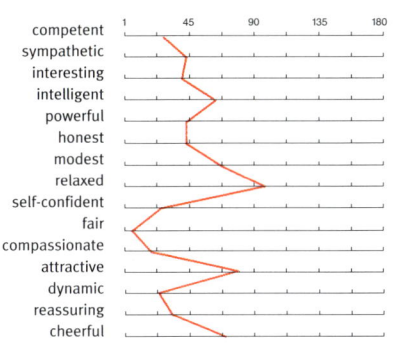

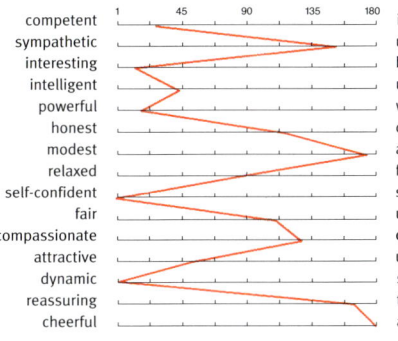

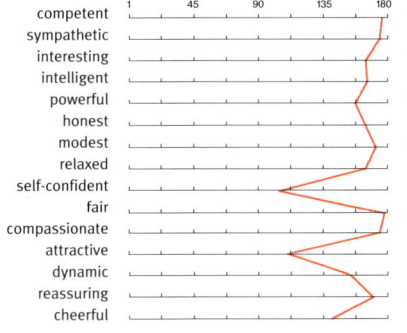

Abbildung 14: Eigenschaftsprofile von drei deutschen Politikern im Urteil amerikanischer Betrachter.

119

Differenzierungen auf. So relativierten die Betrachter ihr ansonsten durchweg negatives Urteil über Lafontaine insoweit, als sie ihn (in Maßen) als *self-confident* und *attractive* einstuften. Und auch der höchst positive Gesamteindruck Blüms weist Pointierungen auf: bei ihm treten die Adjektive *fair* und *compassionate* ganz besonders markant hervor.

Es gibt zu denken, daß der – man möchte meinen wegen seiner politischen Positionen – immer wieder im Mittelpunkt von Kontroversen stehende Lafontaine bei den amerikanischen Beurteilern aufgrund eines scheinbar ganz belanglosen, nur wenigen Sekunden dauernden, Verhaltenszitats eine so überaus negative Reaktion provozierte. Da die amerikanischen Betrachter weder die Person noch die politische Haltung Lafontaines kannten, kommt man wohl nicht umhin, festzustellen, daß dessen nonverbales Verhalten Elemente enthält, die ihm sein Leben als Politiker zumindest nicht erleichtern. Als fast noch bemerkenswerter muß man in diesem Zusammenhang den Befund werten, daß sich in den Augen der amerikanischen Beurteiler der ihnen ebenfalls gänzlich unbekannte Norbert Blüm durch seine besonders ausgeprägte Fairness und seine menschlich mitfühlende Art von seinen Politikerkollegen abhob. Denn auch in Deutschland, wo Blüm seit mehr als zwei Jahrzehnten im Rampenlicht steht, erfreut er sich eines Image, das der Politikwissenschaftler Thomas Meyer (1992) in die zwei Worte gefaßt hat: «Mensch Blüm» (Meyer, 1992:91).

In seinem bedeutenden Werk *Die Inszenierung des Scheins* diskutiert Meyer die Gründe, die zu dem besonderen Image dieses Politikers geführt haben könnten, der allein schon deshalb interessant ist, weil er sich wie kaum ein anderer auf der politischen Bühne langjährig zu behaupten vermochte[14]. Meyer verweist in diesem Zusammenhang auf eine aufwendig inszenierte, im Sommer 1987 durchgeführte Kampagne, bei der sämtliche Register der Meinungsmanipulation gezogen und alle Tricks imagebildender Maßnahmen eingesetzt worden seien. In dem Bemühen, seiner Partei «ein neues Image zu geben», habe damals der Generalsekretär der CDU ein «wohlvorbereitetes» Medienspektakel inszeniert, das seine Partei in den Köpfen der Bürger als «Partei der Menschenrechte» etablieren sollte, um sie trotz der Rechts-

---

14 Blüm blieb über einen Zeitraum von mehr als 16 Jahren hinweg Bundesminister für Arbeit und Sozialordnung. Als die Regierungsverantwortung nach der Bundestagtagwahl 1998 von der CDU/CSU an die SPD überging, war er der inzwischen dienstälteste deutsche Minister geworden.

lastigkeit einiger ihrer führenden Persönlichkeiten «für liberale Wechselwähler der Mitte wieder glaubwürdig und wählbar» zu machen (Meyer, 1992:85).

In diesem Szenario sei Blüm der Part zugefallen, nach Chile zu reisen, eine Pressekonferenz mit einem Folteropfer zu arrangieren, gegenüber dem Diktator Pinochet vor Ort mutig für die Menschenrechte einzutreten und sich dabei vor den Augen der Medien als «ein Mensch im Kampf mit der Macht des Bösen» (Meyer, 1992:86) zu profilieren. Und tatsächlich gelang es, in dieser üblicherweise nachrichtenarmen Zeit das Interesse der Medien umfassend zu aktivieren und so dem Ereignis große Publizität zu geben: «Von Chile aus beherrschen die Bilder des kompromißlosen Einzelkampfes und die Schlagzeilen seiner Taten die heimischen Medien. Nun gibt es doch ein großes, menschennahes Ereignis in der Sommerflaute. Die Nation ist live dabei» (Meyer, 1992:86).

Blüm, so legt Meyer nahe, habe sich mit geschickt inszenierten Aktionen wie dieser das Image verschafft, einer «zutiefst menschenfreundlichen Philosophie» (Meyer, 1992:88) anzuhängen, der das Gebot von Fairplay und menschlichem Mitfühlen mehr gilt, als die Zwänge der Politik. Und man möchte Meyer in Anbetracht des Ausmaßes des Medientamtams, das er beschreibt, und der vielen interessanten Details, auf die er verweist, eigentlich spontan Recht geben. Zumindest im Rahmen des tradierten Verständnisses der Medienwirkung scheint die Argumentation durchaus schlüssig. Wenn man freilich, wie hier der Fall, feststellt, daß Betrachter sich über einen ihnen bis dato völlig unbekannten Politiker, den sie für gerade mal zehn Sekunden auf der Mattscheibe gesehen haben, eine Meinung bilden, die sich praktisch nicht von derjenigen unterscheidet, die man üblicherweise als das Ergebnis eines aufwendig inszenierten Medienspektakels verbucht, muß man sich wohl fragen, ob da nicht doch ganz andere Faktoren am Werk sind als diejenigen, die man innerhalb der Medienforschung bisher in Betracht gezogen hat.

8.32 Nationale Stereotype

Zusammenfassend kann man als Ergebnis dieser ersten Analyseschritte festhalten, daß sie wichtige Indizien dafür erbrachten, daß die unbewußten Schlüsse, die die Betrachter aus dem nonverbalen Verhalten ziehen, keineswegs von Person zu Person stark differieren. Es

121

deutet sich hier vielmehr an, daß die subjektiven «Übersetzungs-regeln», die bei der spontanen Interpretation nonverbaler Stimuli zur Wirkung gelangen, zumindest innerhalb einer Kultur einander so ähnlich sind, als bestünde ein heimlicher Konsensus. Darüber hinaus bestätigte sich in unseren Analysen einmal mehr, daß die nonverbale Kommunikation ihre Wirkung auch über die Sprach- und Kultur-grenzen hinaus entfaltet. Anders als im Falle fremdsprachlicher Äuße-rungen, wo der Hörer seine Deutungsaktivität unverzüglich einstellt, sobald er eine Lautfolge vernimmt, deren semantische Konventionen ihm unbekannt sind, fehlt dem mit der Deutung nonverbaler Stimuli befaßten visuellen System offenbar jegliche Hemmung im Hinblick auf die pragmatische Interpretation «fremdartiger» Bewegungsaktivi-tät.

Es stellt sich daher auch die Frage, ob die durch das nonverbale Verhalten ausgelösten Urteile nicht nur unsere Meinung über Indivi-duen prägen, sondern möglicherweise auch bei der Entstehung und Aufrechterhaltung nationaler Stereotype eine Rolle spielen. Unab-dingbare Voraussetzung für die Beantwortbarkeit dieser Frage ist na-türlich, daß die Beurteiler die Stimuluspersonen nicht schon kennen. Zur Prüfung der Frage, ob die Persönlichkeitsurteile mit der Natio-nalität der Stimuluspersonen kovariieren, sollten daher nur jene Daten herangezogen werden, die Politiker betreffen, die von den Beurtei-lern *nicht* erkannt worden waren.

Im Falle des von uns erhobenen Datenmaterials boten sich für die-sen Vergleich vor allem die Urteile der amerikanischen Betrachter an, da diese nur ganz wenige, im Durchschnitt 13 der 180 Politiker, er-kannten. Die inferenzstatistische Analyse dieser Daten ergab in der Tat, daß neben dem Faktor «Stimulusperson», der den weitaus größ-ten Anteil der Urteilsvarianz erklärt, auch die nationale Herkunft der Politiker in statistisch bedeutsamer Weise auf das Urteilsverhalten Ein-fluß nahm. So schätzten die amerikanischen Versuchspersonen die (nicht erkannten) amerikanischen Politiker in Bezug auf die Adjektive *intelligent, competent* und *powerful* signifikant höher ein als deren deut-sche und französische Kollegen. Den französischen Politikern atte-stierten sie systematisch höhere Werte im Hinblick auf die Merkmale *compassionate, energetic* und *cheerful*. Die deutschen Politiker schließlich erzielten signifikant höhere Werte als ihre amerikanischen und fran-zösischen Kollegen in Bezug auf die Eigenschaften *boring, ugly* und *cold*.

8.33 Emotionale Stellungnahmen

Ergebnisse wie diese geben der von Lippmann bereits früh formulierten, von der Forschung aber lange Zeit ignorierten Auffassung recht, daß Vorurteile nicht nur durch verbale Indoktrination entstehen. Sie entstehen vielmehr – und möglicherweise sogar bevorzugt – auch ganz ohne das Zutun anderer, direkt in uns selbst, und zwar primär als Folge der visuellen Eindrucksbildung. In Anbetracht der Suggestivkraft der Bilder scheint es nicht einmal abwegig, mit Lippmann anzunehmen, daß der visuelle Eindruck die verbal übermittelte Information oft derart dominiert, daß es letztlich weniger die Worte sind, die unser Bild vom Andern prägen, sondern daß, wie er betont, gerade umgekehrt, «die Worte, die die Menschen in ihren Zeitungen lesen, die Vorstellungen wieder wachrufen, die ihnen von den Bewegtbildern vermittelt wurden».

Nur so jedenfalls scheint das in neuerer Zeit immer deutlicher zutage tretende, seltsame Phänomen erklärbar, daß das gedruckte Wort im Hinblick auf die Einschätzung von Politikern immer weniger Wirkung zeitigt. Äußeres Kennzeichen dafür ist der von der amerikanischen Presse in den achtziger Jahren eingeführte Neologismus «Tefloneffekt», der ursprünglich für die Medienwirkung des als *the great communicator* apostrophierten amerikanischen Präsidenten Ronald Reagan geprägt worden war. «Der Mangel an Sachwissen, schlüssiger Argumentation, an instrumenteller Kompetenz hat Reagan nie geschadet, auch wenn sich die Presse darüber hermachte, sobald Situationen der Planung entglitten waren», so beschreibt Meyer (1992:96) die erstaunliche Tatsache, daß die zahlreichen Negativmeldungen, die über den großen Kommunikator verbreitet wurden, irgendwie nicht an ihm «haften» blieben. Es müsse, so Meyer, daran liegen, daß visuelle Stimuli offenbar eine viel stärkere Wirkung erzeugen als akustische: «das Auge siegt über das Ohr, Bild schlägt Ton» (Meyer, 1992:94). Und tatsächlich hat sich die Öffentlichkeitsarbeit der Reaganadministration streng an diese Devise gehalten. «Wir suchen», so hatte Reagans Medienberater Deaver in schöner Offenheit die Prinzipien seiner Strategie dargelegt, eben «immer nach dem Bild, das für sich selbst spricht. Das Bild erzählt die ganze Geschichte, egal was Ronald Reagan sagt» (zit. n. Meyer, 1972:95).

Im Hinblick auf die Genese der mit den «Bildern in unseren Köpfen» üblicherweise verknüpften affektiven Einstellungen bleibt zu prüfen, ob diese eine direkte Folge der visuellen Eindrucksbildung

123

sein könnten, oder ob die für Vorurteile so charakteristische Affektladung allein auf die rationale Verarbeitung verbaler Information zurückgeht, wie dies in der Vorurteilsforschung bis heute angenommen wird. Um erste Information zu der Frage zu gewinnen, ob die bloße Wahrnehmung nonverbaler Stimuli im Betrachter zu affektiver Erregung führt, analysierten wir die Daten, die über die Aktivität des vegetativen Systems während der Betrachtung der einzelnen Politiker Aufschluß geben.

Die Ergebnisse dieser Analysen erbrachten in der Tat deutliche Indizien dafür, daß das auf dem Bildschirm dargebotene nonverbale Verhalten – zumindest mancher Politiker – die Zuschauer unmittelbar affektiv berührt. Abbildung 15 illustriert dies am Beispiel der Veränderungen in der elektrischen Hautleitfähigkeit, einem mit emotionaler Erregung eng verbundenen Aspekt des vegetativen Geschehens. Das Schaubild zeigt das Verlaufsmuster der elektrodermalen Reaktion einer Versuchsperson während der Betrachtung der 180 visuellen Zitate. Jede einzelne Kurve spiegelt dabei die im 50 Hertz-Rhythmus abgetasteten Veränderungen in der elektrodermalen Erregung, wie sie sich während der Darbietung des jeweiligen Videoclips ereignete. Die horizontale Achse repräsentiert, von links nach rechts, die Reihenfolge, in welcher die verschiedenen Politiker der Versuchsperson auf dem Bildschirm vor Augen traten. Die Tiefendimension entspricht der Dauer eines Clips (in der Regel zehn Sekunden). Die vertikale Achse entspricht der Zunahme und Abnahme der elektrischen Hautleitfähigkeit. Der Ausgangswert des Hautwiderstandes bei Beginn eines Clips fungiert dabei als Referenzpunkt für alle folgenden Meßwerte bis zum Ende des Clips. Auf diese Weise lassen sich die kurzfristigen (phasischen) Erregungen der Hautleitfähigkeit, die durch die einzelnen Stimuluspersonen ausgelöst werden, von den längerfristigen (tonischen) Veränderungen im Erregungsniveau trennen, die die kumulative Wirkung der Bewegtbildpräsentation insgesamt widerspiegeln.

Wie aus der Abbildung 15 unmittelbar hervorgeht, bewirkte bereits der bloße Anblick der Stimuluspersonen zum Teil sehr ausgeprägte Erregungen im epidermalen System des Rezipienten. Allerdings fallen dessen Reaktionen auf die einzelnen nonverbalen Verhaltenszitate höchst unterschiedlich aus. So variierte sowohl der Zeitpunkt des *onsets* der elektrodermalen Erregung als auch deren *Ausmaß* und *Dauer* in beträchtlichem Umfang. Zudem wird wiederum eine ausgeprägte polarisierende Wirkung nonverbaler Stimuli ersichtlich. Während der

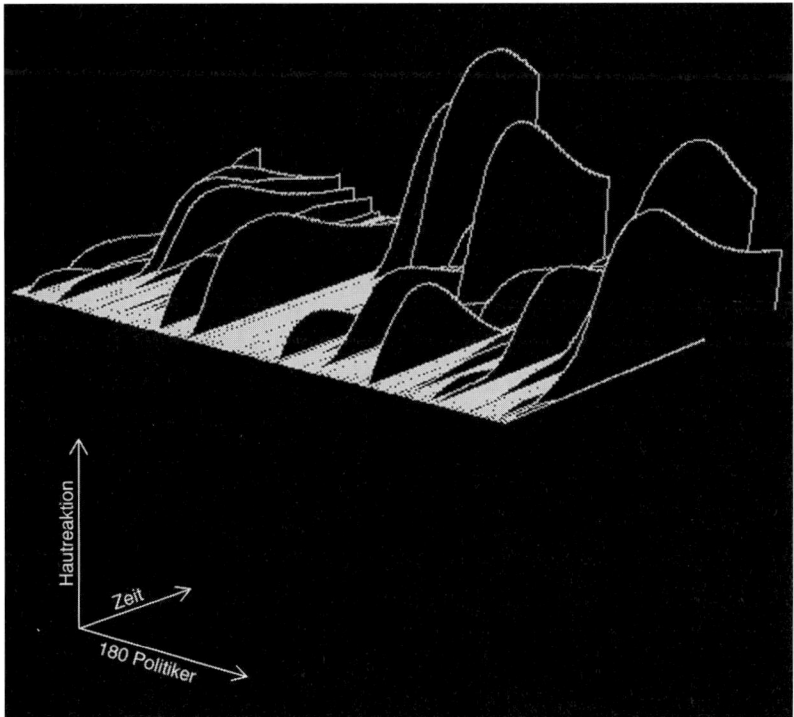

Abbildung 15: Elektrodermale Reaktion eines Betrachters auf die Wahrnehmung des nonverbalen Verhaltens von 180 Politikern (Cliplänge: 10 Sekunden pro Politiker).

Betrachter auf die Darbietung einiger weniger visueller Zitate mit höchst augenfälligen elektrodermalen Reaktionen aufwartete, zeigte er bei vielen anderen Clips praktisch keine Resonanz.

Ordnet man die bei den Versuchspersonen zu beobachtenden Reaktionen den 180 Stimuluspersonen zu, so zeigt sich in der Tat, daß die «Breitenwirkung», die die verschiedenen Politiker im vegetativen System der Zuschauer erzielen, in weitem Umfang variiert. Während manche Politiker bei nur ganz wenigen Zuschauern aus den drei Ländern eine vegetative Erregung auslösten, brachten andere fast alle Zuschauer innerlich in Bewegung. Abbildung 16 illustriert dies am Beispiel der elektrodermalen Reaktion von insgesamt 172 amerikanischen, deutschen und französischen Versuchspersonen auf die Darbietung der Videoclips von drei Politikern, deren nonverbales Verhalten in dieser Hinsicht höchst unterschiedlich effektstark war.

125

Die von den 172 Betrachtern ermittelten Verlaufskurven sind in den drei Schaubildern jeweils nach der Höhe der elektrodermalen Erregung angeordnet, so daß sie sich gegenseitig möglichst wenig überdecken und dadurch einen optimalen Überblick über das Ausmaß der vegetativen Erregung bieten, die der Anblick der drei Politiker in der Zuschauerpopulation auslöste. Die unterschiedlichen Farben der Erregungskurven zeigen die Nationalität des jeweiligen Responders an.

Der Vergleich der Schaubilder macht unmittelbar deutlich, daß das Ausmaß, in dem Politiker die Population der Zuschauer innerlich aktiviert, in weitem Umfang variiert. Während der Fernsehauftritt des französischen Kommunalpolitikers Amicabille die große Mehrzahl der Betrachter sozusagen «innerlich kalt» ließ, führte der Anblick Lafontaines bei einer beträchtlichen Anzahl deutscher, französischer und amerikanischer Zuschauer zu einer zum Teil stark ausgeprägten vegetativen Reaktion. Diese reicht allerdings noch längst nicht an die vegetative Medienwirksamkeit Reagans heran, dessen bloßer Anblick bei fast allen Versuchspersonen aus den drei Ländern zu einer zum Teil ganz massiven Erregung des elektrodermalen Systems führte.

Die Wahrnehmung von Reagans nonverbalem Verhalten hat, wie der Vergleich der vegetativen Medienwirksamkeit aller 180 Stimuluspersonen zeigte, in der Tat wie kein anderer Politiker die Betrachter innerlich berührt. Sowohl bezüglich der *Anzahl* der Zuschauer, die auf ihn vegetativ ansprachen, als auch hinsichtlich der *Stärke* der elektrodermalen Reaktion, mit der sie seinen kurzen Auftritt auf dem Bildschirm quittierten, steht Reagan (der zum Zeitpunkt der Durchführung der Rezeptionsexperimente schon nicht mehr Präsident war) buchstäblich einsam an der Spitze aller 180 Politiker. Fast noch bemerkenswerter als die große Anzahl der Versuchspersonen, denen sein Anblick sozusagen «unter die Haut» ging, ist das Ausmaß, in welchem es ihm gelang, die innere Reaktion der Betrachter *zum selben Zeitpunkt* auszulösen. Während der *onset* der von Amicabille und Lafontaine ausgelösten Reaktionen von Zuschauer zu Zuschauer ganz erheblich variiert, reagierten die Rezipienten auf das von Reagan dargebotene Verhalten so geschlossen, als seien ihre vegetativen Systeme innerlich gleichgeschaltet. Abbildung 17 verdeutlicht diesen Sachverhalt am Beispiel der Verlaufskurven der 20 Betrachter, die unter allen Versuchspersonen auf das visuelle Zitat von Amicabille bzw. Reagan jeweils am stärksten reagierten.

Daß derartige Effekte sich nicht etwa erst auf dem Umweg über die

126

Elektrodermale Reaktion: AMICABILLE (1807), n=172 (aus 172) USA+FRA+BRD

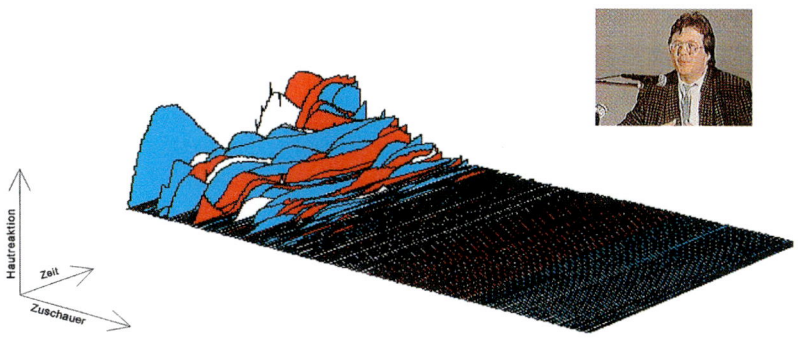

Elektrodermale Reaktion: LAFONTAINE (3353), n=172 (aus 172) USA+FRA+BRD

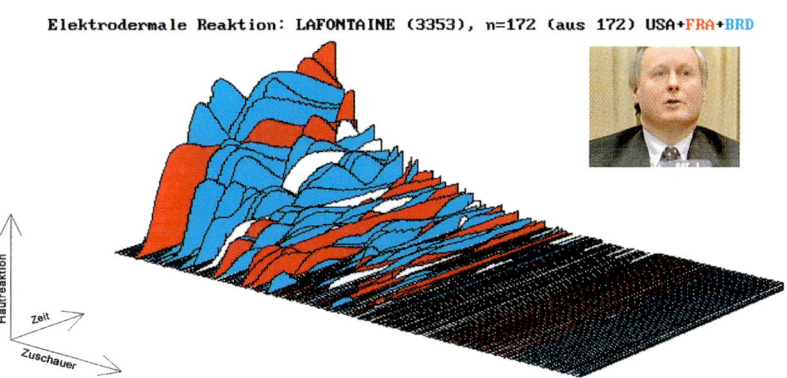

Elektrodermale Reaktion: REAGAN (0001), n=172 (aus 172) USA+FRA+BRD

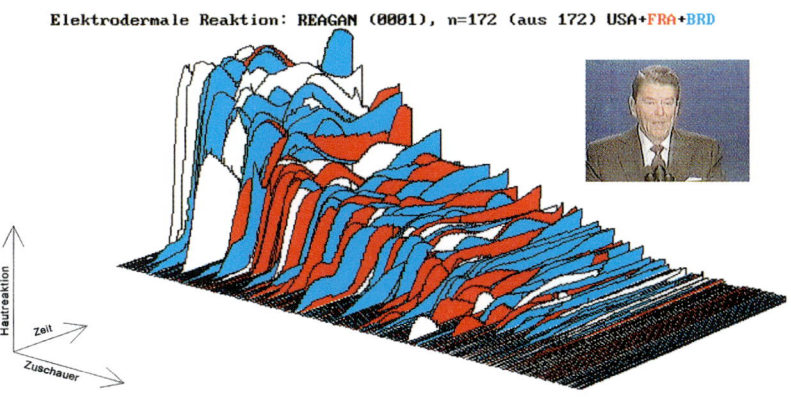

Abbildung 16: Hautreaktion amerikanischer(▭), französischer (▬) und deutscher (▬) Zuschauer auf die Wahrnehmung des nonverbalen Verhaltens von A. Amicabille, O. Lafontaine und R. Reagan.

rationale Informationsverarbeitung einstellen, sondern als eine ganz unmittelbare Folge subkortikaler Prozesse gelten können, zeigt sich allein schon an dem Umstand, daß starke vegetative Reaktionen auch bei der Wahrnehmung von Personen auftraten, die die Betrachter gar nicht kannten. Auch der in Abbildung 16 hervortretende erstaunliche Befund, daß der Anblick der verschiedenen Politiker bei den Versuchspersonen aus allen drei Ländern in etwa gleichem Ausmaß Wirkung erzielte bzw. wirkungslos blieb, deutet in dieselbe Richtung. Die Annahme eines vom neokortikalen Geschehen weitgehend unabhängigen affektiven Informationsverarbeitungsystems wird aber auch durch Korrelationsanalysen bestätigt, die nur ganz geringe Kovariationen zwischen den Kennwerten der elektrodermalen, elektrokardialen und respiratorischen Aktivität einerseits und den Eindrucksurteilen andererseits erbrachten. Die Koeffizienten für insgesamt 224 Vergleiche zwischen diesen Parametern lagen fast durchweg in einer Höhe von $r < .2$.

Selbst im Falle Reagans, den die Beurteiler natürlich alle erkannt hatten, gaben die Eindrucksurteile wenig Anhaltspunkte für das Vorliegen eines Image, das die alles überwältigende vegetative Reaktion der Betrachter aus den drei Ländern rational plausibel machen könnte. Im Gegenteil, die Ratingurteile bestätigten im großen und ganzen die in der Presse kolportierten Vorstellungen von einem Präsidenten mit ziemlich bescheidenem politischem Sachverstand. Zwar erschien Reagan den Versuchspersonen aus den drei Ländern übereinstimmend als ziemlich «gutgelaunt» (Rangplatz 23) und «sympathisch» (Rangplatz 32). Aber sie waren sich auch darin einig, daß er einen wenig «intelligenten» (Rang 169) und wenig «kompetenten» (Rang 158) Eindruck mache. Selbst im Hinblick auf seine «Fairneß» (Rang 149) und seine «Ehrlichkeit» (Rang 139) stuften sie ihn eher niedrig ein. Wahrscheinlich waren die Berater Reagans denn auch gut beraten, wenn sie sich, wie Meyer berichtet, bei den Journalisten «auch für Verrißsendungen» bedankten, «wenn nur die Bilder stimmten» (Meyer 1992:48). Denn zumindest nach den hier zutage getretenen Ergebnissen scheint es, daß im Hinblick auf die pragmatische Deutung nonverbaler Stimuli das kognitive und das affektive System jeweils seine eigene Lesart pflegt. Fast möchte man sagen, hier gilt, was Reagans Landsmann Mark Twain in die Worte gefaßt hat: «Seinem Herzen kann man mit Vernunftgründen nicht beikommen, es hat seine eigenen Gesetze und klopft um Dinge, über die der Verstand spottet».

Elektrodermale Reaktion: AMICABILLE (1807), n=20 (aus 172) USA+FRA+BRD

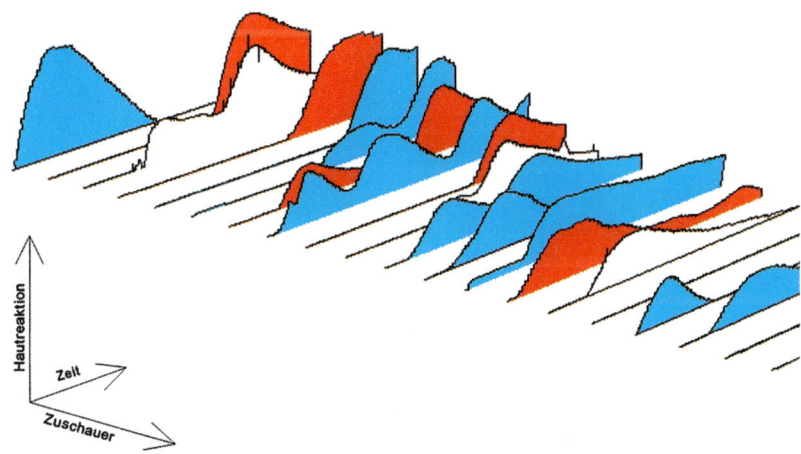

Elektrodermale Reaktion: REAGAN (0001), n=20 (aus 172) USA+FRA+BRD

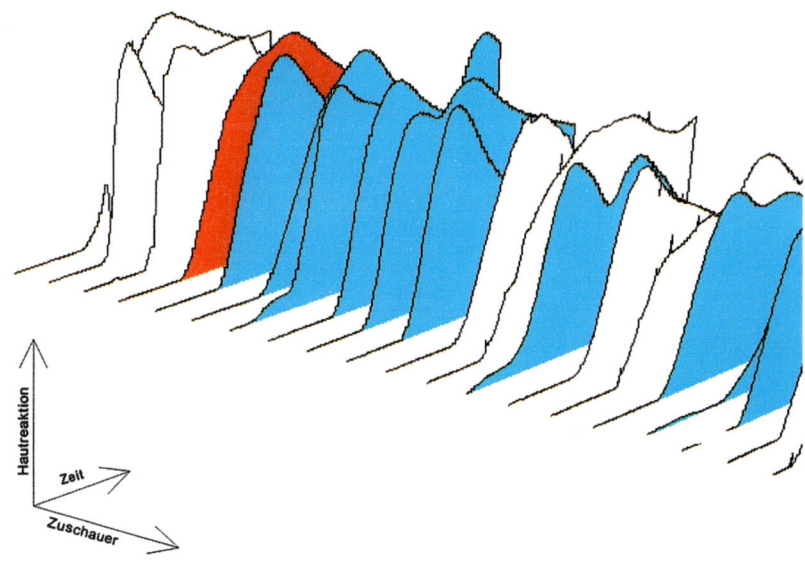

Abbildung 17: Hautreaktion amerikanischer (▭), französischer (▬) und deutscher (▬) Zuschauer auf die Wahrnehmung des nonverbalen Verhaltens von A. Amicabille und R. Reagan.

9 Praktische Implikationen

Es wäre wahrscheinlich verhängnisvoll, würden wir die politischen Mandatsträger, die den Gang der Dinge in Gesellschaft und Wissenschaft steuern sollen, nach Kriterien auswählen, über die der Verstand spottet. Die kulturellen und zivilisatorischen Schöpfungen, die mit dem Ziel geschaffen wurden, den Mitgliedern der Gemeinschaft zu einem «menschenwürdigen» Dasein zu verhelfen, sind zu komplex und zu neuartig, als daß wir hoffen könnten, wir seien evolutionär so angepaßt, daß die Wahlentscheidungen, die wir gewissermaßen «aus dem hohlen Bauch» heraus treffen, zu den optimalen Ergebnissen führen. Im Gegenteil, die kurze Geschichte des *homo sapiens* ist voll von Beispielen dafür, daß diese Art der Entscheidungsfindung eher dazu geeignet ist, uns in die elenden Verhältnisse zurückzuführen, aus denen wir gekommen sind. Nicht zuletzt die Vorgänge in unserem 20. Jahrhundert liefern dafür wertvolles Anschauungsmaterial.

Es ist denn auch zu überlegen, was wäre, wenn im Zuge einer stetig wachsenden Visualisierung der Informationsaufbereitung das Verhältnis zwischen verbaler und visueller Kommunikation sich immer mehr in Richtung auf das Nonverbale verschiebt. Eine naheliegende Konsequenz ist sicherlich, daß das Verhältnis von bewußter und unbewußter Informationsverarbeitung so sehr aus der Balance gerät, daß die Korrektur von Vor-Urteilen durch Nach-Denken immer seltener stattfindet. Die Mühelosigkeit und die Geschwindigkeit, mit der die auf visuellen Stimuli basierenden unbewußten Schlußfolgerungen zustande kommen, sowie die grundlegende Schwierigkeit, sie in Zweifel zu ziehen, muß das von Lippmann für das heraufdämmernde Medienzeitalter vorhergesagte, immer breitere Kreise in der Bevölkerung erfassende, stereotypisierende Denken zusätzlich fördern.

Man braucht nicht viel Phantasie, um sich die Folgen auszumalen, die eine auf diese Weise immer mehr um sich greifende «Denkfaulheit» selbst der Gebildeten nach sich ziehen müßte. Die Konsequenzen davon würden sich wahrscheinlich zuerst in einer zunehmenden Verflachung im Bereich der Geisteswissenschaften bemerkbar machen. Sie würden jedoch wohl auch schon mittelfristig die ganze kulturelle Entwicklung und vor allem die Innovationskraft der Menschen empfindlich schwächen, die ja in erster Linie von deren Fähigkeit abhängt, *umdenken* zu können. Möglicherweise hat in dieser Hinsicht die von Lippmann angekündigte Zukunft ja überhaupt schon begonnen.

Im Bereich des politischen Lebens hätte, wie vor allem Roger Masters betonte, eine Entwicklung, bei der «die Autorität der Bilder über die Vorstellungskraft» immer mehr dominiert, zudem die unweigerliche – auch für die Politiker selbst demütigende, wenn nicht gar demoralisierende – Konsequenz, daß die Karrierechancen der Kandidaten für öffentliche Ämter immer weniger von deren politischem Sachverstand abhängen und immer mehr von deren Fähigkeit, den im wahrsten Sinne des Wortes «oberflächlichen» Kriterien zu genügen, auf welche die in unserem Zwischenhirn verankerten Informationsverarbeitungsroutinen so großen Wert legen.

Auch in dieser Hinsicht hat, wenn Thomas Meyer recht haben sollte, die historische Wende bereits stattgefunden. Den Beginn der Epoche der «Issueless Politics», in der die «Selbstinszenierung der Person als Programm» ausgegeben wird, markiert für ihn der Regierungsantritt «des gelernten Schauspielers» Reagan, der wie selbstverständlich Pressekonferenzen tagelang, «bis in die Gesten und scheinbaren Zufallsbemerkungen am Rande hinein», geprobt habe (Meyer, 1972:94ff.). Die enorme Publikumswirkung, die er damit in den USA erzielt habe, werde wohl überall dort, «wo die Voraussetzungen verfügbar sind, allen seine Gesetze aufzwingen, die den Erfolg nicht fahrlässig verspielen wollen» (Meyer, 1972:94).

Die trotz ständiger Negativschlagzeilen über Jahre hinweg ungebrochene Popularität seines Nachfolgers William J. Clinton, der das Medium Fernsehen ebenfalls virtuos für die Zwecke der Sympathiewerbung einzusetzen versteht, scheint diesen Vorstellungen in der Tat recht zu geben. Neuere Entwicklungen in Europa, so etwa der erstaunliche Erfolg Antony Blairs in England oder der rasche Aufstieg Gerhard Schröders in Deutschland, widersprechen ihnen zumindest nicht. So steht denn auch zu erwarten, daß selbst in unseren Breiten, wo traditionell eine etwas rauhere Art nonverbaler Stimulation verabreicht wird, der Typus des Politikers mit Ecken und Kanten, sagen wir, à la Lafontaine oder Strauß (den unsere amerikanischen Versuchspersonen, gleich hinter Lafontaine, auf Rang 179 plazierten), mehr und mehr von der politischen Bühne verschwindet. Statt dessen könnte ein neuer, weitaus geschmeidigerer Typus von Politiker auf der Bildfläche erscheinen, der gewissermaßen maßgerecht für das Auge des Betrachters gezüchtet wird.

Schon Alfred Russel Wallace (1870, 1891), der geniale Ko-Entdecker der Darwin'schen Evolutionstheorie, hatte darauf aufmerksam gemacht, daß viele der statischen und dynamischen Merkmale des äußeren Erscheinungsbildes, die wir im Tierreich vorfinden, ihre Entstehung nicht zuletzt der faszinierenden Unbeirrbarkeit und Unbelehrbarkeit der visuellen Wahrnehmung verdanken. Denn das Gesetz der Evolution «zwingt» die Tiere gewissermaßen dazu, ihr Verhalten – und selbst ihr Aussehen – nach den Sehgewohnheiten ihres sozialen Umfeldes auszulegen, und zwar um zu vermeiden, daß dort eine, den eigenen Lebensinteressen abträgliche, Verhaltensreaktion ausgelöst wird. Die Prämie, die die Natur für den in diesem Spiel Erfolgreichen aussetzt, ist hoch: eben weil das beobachtende Tier sich seines Eindrucks nicht erwehren kann, ist der Stimulusgeber in der Lage, durch das bloße Vorzeigen des «richtigen» Displays eine ihm nützliche Verhaltensreaktion beim Gegenüber reflexhaft auszulösen – oder eine für ihn bedrohliche zu hemmen.

Man kann mit Wallace denn auch durchaus annehmen, daß ein gut Teil der ans Wunderbare grenzenden Formen- und Farbenvielfalt der belebten Natur im Zuge der tastenden Suche nach dem pragmatisch relevanten Stimulus entstanden ist, der dann, gewissermaßen wie ein Zauberwort, beim Gegenüber die gewünschte Verhaltensreaktion auslöst. Ganz anders als uns unser romantisches Erleben der Schönheit der Natur glauben machen könnte, ist dieser Stimulus, wie die ethologischen Attrappenversuche zeigten, dann aber oft wahrhaft erschütternd simpel strukturiert: Der rote Fleck am Federkleid, die Verdikkung am Bauch, die spezifische Haltung des Halses, die ruckartige Bewegung des Kopfes ist oft das einzige, was für das Tier zählt von all den feinen Nuancen in Form und Farbe, der Vielfalt und Eleganz der Bewegungen, die dem Auge präsentiert werden. Ja, es können, wie speziell die Untersuchungen von Konrad Lorenz deutlich machten, selbst «die unglaublichsten, für unser Auge wesentlichsten Merkmale der Gesamtsituation ausfallen; solange nur die wenigen im Schema «vorgesehenen» Reize vorhanden sind, geht die Reaktion auf die vereinfachte Attrappe genauso intensiv los wie auf die Normalsituation» (Lorenz, 1968:42). Dies obwohl das Tier, wie Tinbergen betont, durchaus «die sensorische Ausstattung besitzen mag, um zahllose Details wahrzunehmen» (Tinbergen, 1951:27).

10 Die Macht des Bildes

Daß die visuelle Eindrucksbildung beim Menschen ähnlich hochselektiv arbeitet, ist durch die Untersuchungen der letzten Jahre immer deutlicher geworden. So zeigte sich in einer Versuchsreihe, bei der wir eine Serie von Porträtfotos Beurteilern tachistoskopisch, für nur wenige Millisekunden, darboten, daß bereits eine schemenhafte Wahrnehmung menschlicher Gesichtszüge genügt, um bei den Betrachtern eine dezidierte Meinung über die Persönlichkeitseigenschaften der Stimulusperson hervorzurufen. Jendraczyk (1991) beispielsweise führte eine Untersuchung durch, in der sie 16 Bewerbungsfotos, die von Studenten einer Schauspielschule eingereicht worden waren, einer Gruppe von 19 Beurteilern mit variierender Expositionszeit präsentierte. Dabei zeigte sich, daß eine Expositionszeit von 250 Millisekunden genügte, um ein höchst nuanciertes Bild vom Andern entstehen zu lassen, bei dem sich u. a. entscheidet, ob jemand als «autoritär», «sympathisch», «gefühlsbetont», «hinterhältig», «intelligent», «langweilig» eingestuft wird. Ebenso blitzschnell wurden aufgrund solcher optischer Eindrücke Einstellungen geschaffen, die festlegen, ob man die wahrgenommene Person gerne als «Kollegen», «Vorgesetzten», «Partner» oder «Bekannten» haben möchte.

Die hochselektive Verarbeitung nonverbaler Stimuli wird zusätzlich unterstrichen durch Befunde, die zeigen, daß die in Sekundenbruchteilen entstandenen unbewußten Schlüsse sich kaum ändern, wenn man den Beurteilern die Gelegenheit gibt, die Bildvorlagen beliebig lange zu betrachten. So zeigte sich in der Studie Jendraczyks, daß die durch nonverbale Stimuli ausgelösten Urteilsprozesse in einer Viertelsekunde praktisch abgeschlossen waren: Die Eindrucksurteile, die die Betrachter über die Stimuluspersonen abgaben, die sie jeweils für eine Zeitspanne von nur 250 Millisekunden gesehen hatten, korrelierten mit den Urteilen, die bei permanenter Exposition der Bildvorlagen ermittelt wurden, im Durchschnitt in einer Höhe von $r = .92$ Eine Replikationsstudie anhand von insgesamt 45 Politikerporträts, die dem hier untersuchten Bildmaterial entnommen worden waren, erbrachten nahezu dieselben Ergebnisse: die Persönlichkeitsurteile, die nach einer Viertelsekunde abgegeben worden waren, korrelierten mit

135

denen, die permanent betrachtet werden konnten, im Durchschnitt $r = .89$ (Frey, 1999).

Die bisher vorliegenden Ergebnisse aus Attrappenversuchen mit Bewegtbildern, die durch die Entwicklung der *Skriptanimation* erstmals möglich wurden, deuten ebenfalls darauf hin, daß der mit der Bildung unbewußter Schlüsse befaßte psychische Apparat den verschiedenen Aspekten des menschlichen Erscheinungsbildes sehr unterschiedliches Gewicht beimißt. So kann man bereits beim jetzigen Stand der Wissenschaft konstatieren, daß offenbar das Bewegungsverhalten einer Person in weitaus stärkerem Maße als deren statisches, physiognomisches Aussehen den Prozeß der spontanen Eigenschaftszuschreibung steuert. Abbildung 18 illustriert diesen Sachverhalt am Beispiel einer Untersuchung, bei der wir das Bewegungsverhalten verschiedener Politiker von derselben computeranimierten Puppe imitieren ließen und auf diese Weise den Einfluß des physiognomischen Aspekts des Erscheinungsbildes eliminierten.

Wie aus dem Vergleich der Persönlichkeitsprofile hervorgeht, die wir zum einen für die Originalperson und zum anderen für die – die Bewegungen der Originalperson imitierende – Puppe ermittelten, gelangten die Beurteiler allein aufgrund der Bewegungsinformation praktisch zum selben Urteil, wie wenn sie den Politiker in Person sahen. Sowohl der etwas lasche, undifferenzierte Eindruck, den der amerikanische Politiker Smith (obere Grafik) gemacht hatte, wie auch die höchst positive Meinung, die sie von Madame Barzach gewonnen hatten (mittlere Grafik) und selbst die dezidiert negative Charakterisierung, die sie sich von Jesse Helms gebildet hatten, fanden sich in den Urteilsdaten der Gruppe, die sich zum Eigenschaftsprofil der Puppe zu äußern hatte, praktisch unverändert wieder. Ja, der Konsensus erstreckte sich überraschenderweise sogar auf die Beurteilung der «Schönheit» der Stimuluspersonen: die Puppe, die sich wie Madame Barzach bewegte, fanden die Betrachter ziemlich *attraktiv* (wenn auch nicht ganz so sehr wie das Original). Wenn sie sich dagegen wie Helms oder Smith gebärdete, galt sie ihnen als genau so *häßlich,* wie ihnen diese Politiker *in natura* vorgekommen waren (vgl. Kempter, 1998).

Die hier zutage tretende Dominanz des Bewegungsverhaltens über die vom morphologischen Erscheinungsbild ausgehende Stimulation verweist auf eine interessante Parallele zu ethologischen Befunden, die schon Lorenz erstaunte: «Wenn man … die relative Wirkung einzelner auslösender Merkmale gegeneinander abwiegt, so stellt sich regel-

Eigenschaftprofil für G. Smith (amerikan. Politiker). Mittelwerte von 21 Beurteilern zum Originalvideo (—) und von 30 Beurteilern zur Reanimationssequenz (—).

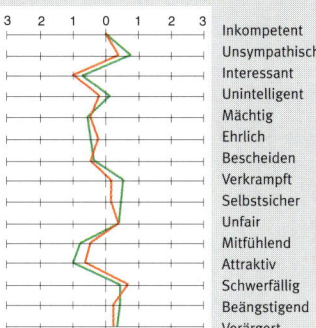

Kompetent	Inkompetent
Sympathisch	Unsympathisch
Langweilig	Interessant
Intelligent	Unintelligent
Unbedeutend	Mächtig
Unehrlich	Ehrlich
Arrogant	Bescheiden
Entspannt	Verkrampft
Schüchtern	Selbstsicher
Fair	Unfair
Kalt	Mitfühlend
Häßlich	Attraktiv
Dynamisch	Schwerfällig
Beruhigend	Beängstigend
Gutgelaunt	Verärgert

Eigenschaftprofil für M. Barzach (franz. Politikerin). Mittelwerte von 21 Beurteilern zum Originalvideo (—) und von 30 Beurteilern zur Reanimationssequenz (—).

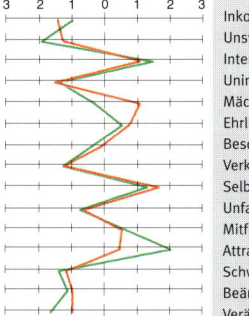

Kompetent	Inkompetent
Sympathisch	Unsympathisch
Langweilig	Interessant
Intelligent	Unintelligent
Unbedeutend	Mächtig
Unehrlich	Ehrlich
Arrogant	Bescheiden
Entspannt	Verkrampft
Schüchtern	Selbstsicher
Fair	Unfair
Kalt	Mitfühlend
Häßlich	Attraktiv
Dynamisch	Schwerfällig
Beruhigend	Beängstigend
Gutgelaunt	Verärgert

Eigenschaftprofil für Jesse Helms (amerikan. Politiker). Mittelwerte von 21 Beurteilern zum Originalvideo (—) und von 30 Beurteilern zur Reanimationssequenz (—).

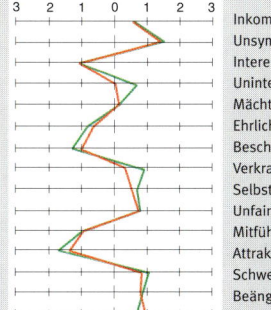

Kompetent	Inkompetent
Sympathisch	Unsympathisch
Langweilig	Interessant
Intelligent	Unintelligent
Unbedeutend	Mächtig
Unehrlich	Ehrlich
Arrogant	Bescheiden
Entspannt	Verkrampft
Schüchtern	Selbstsicher
Fair	Unfair
Kalt	Mitfühlend
Häßlich	Attraktiv
Dynamisch	Schwerfällig
Beruhigend	Beängstigend
Gutgelaunt	Verärgert

Abbildung 18: Die Bedeutung der Bewegung für die spontane Eindrucksbildung.

mäßig heraus, daß *Bewegungsmerkmale*... quantitativ gewaltig über alle anderen überwiegen, so sehr, daß sie unter Umständen unentbehrlich werden» (Lorenz, 1968:45; Hervorhebung im Original). Fragt man zudem nach den spezifischen Elementen der Gesamtbewegung, die für die Unterschiede in der unbewußten Beschlußfassung verantwortlich zeichnen, so stößt man ebenfalls auf die von Lorenz, Tinbergen und Leyhausen immer wieder betonte, charakteristische Merkmalsarmut der Stimuli, auf die die im subkortikalen Bereich lokalisierten affektiven Steuerungszentren reagieren.

So erbrachte der Vergleich der Bewegungsmuster der Politiker, die besonders positiv eingestuft worden waren, mit denjenigen, die eine höchst negative Bewertung erfahren hatten, das Ergebnis, daß die Betrachter sehr stark auf einen ganz spezifischen Aspekt des nonverbalen Verhaltens ansprachen: die Art und Weise in der die Akteure seitliche Kippbewegungen des Kopfes ins Spiel brachten. Aus bisher erst teilweise aufgeklärten Gründen mißt unser optischer Apparat den Veränderungen in der Lateraldimension der Kopfhaltung ein enormes Gewicht bei. Bereits unsere ersten, in den achtziger Jahren durchgeführten Attrappenversuche (die der Aufklärung der Wirkung galten, die statische Elemente der Körperhaltung auf die Betrachter von Kunstwerken ausüben), hatten gezeigt, daß dieser scheinbar ganz nebensächliche Aspekt der nonverbalen Kommunikation den Eindruck, den wir von einer Person gewinnen, maßgeblich bestimmt. Dieselben Personen, die zunächst als «sympathisch, empfindsam, zärtlich, ehrlich, bescheiden» wahrgenommen wurden, galten den Beurteilern auf einmal als «unsympathisch, kalt, hinterlistig, arrogant, hart, abweisend» – bloß weil sie den Kopf ein bißchen anders hielten (vgl. Informationsbox 2). Und ganz im Sinne des Helmholtz'schen unbewußten Schlusses stellte sich dieser Eindruck völlig spontan ein, war für die Betrachter aus den verschiedensten Ländern und Kulturen absolut zwingend und ließ sich selbst dann nicht aus der Welt schaffen, wenn die Versuchspersonen genau sahen, welch vergleichsweise läppischer Anlaß sie zu ihrer so grundlegenden Meinungsänderung über die betrachtete Person verleitet hatte (Frey et. al., 1983).

Informationsbox 2

Die Macht des Bildes: Der Einfluß der Lateralflexion auf unser Bild vom Andern

Nicht nur die Schönheit, auch der Charakter liegt im Auge des Betrachters. Daß wir uns unseres «Eindrucks nicht erwehren» können, liegt an der prä-rationalen Natur der visuellen Wahrnehmung. Es sind oft ganz einfache Stimuli, die unser Bild vom anderen ganz entscheidend prägen. Die «Madonna del Magnificat» von Sandro Botticelli (linkes Bild) verwandelt sich vor unseren Augen von der demütigen, bescheidenen Frau zur selbstbewußten Herrin – allein dadurch, daß man ihr den zur Seite geneigten Kopf gerade rückt.

Hebt man im «Autoporträt» der Elisabeth-Louise Vigée Lebrun (links) die seitliche Neigung des Kopfes der Mutter zum Kind sowie des Kindes zum Betrachter auf, scheinen Kind und Mutter auf einmal ängstlich vor dem Betrachter zurückzuweichen.

Informationsbox 2 (Fortsetzung)

Das Geheimnis des Lächelns der Mona Lisa

Aus den Notizbüchern Leonardo da Vincis geht hervor, daß der als Architekt, Generalingenieur und Waffentechniker Cesare Borgias wirkende, zeitweilig eng mit Machiavelli zusammenarbeitende Künstler (vgl. Masters, 1996, 1999), weder die Macht des Bildes noch die des Bildners unterschätzt hat. Wie keine andere Person, so notierte sich das Universalgenie der Renaissance in einem seiner vielen Skizzenhefte, sei «der Maler Herr ... über Leute aller Art und über alle Dinge». Durch die Malerei würden die Menschen dazu verleitet, sich in ein aus Strichen und Farbflecken bestehendes totes Bildnis «zu verlieben, das gar kein lebendiges Weib vorstellt ... durch sie werden die Völker erregt, mit heißen Gelübden die Bilder der Götter aufzusuchen ... durch sie werden selbst die Tiere getäuscht. Ich sah schon ein Bild, das betrog durch das Aussehen des Herrn einen Hund, und der erwies ihm große Freude und Ehre ... Ich habe gesehen, wie Schwalben herbeiflogen und sich auf gemalte Eisenstäbe, wie solche an den Fenstern hervorstehen, setzen wollten». Ja, es sei ihm sogar schon vorgekommen, «daß ich ein Bild machte, das etwas Heiliges vorstellte, und daß ein darein Verliebter, der es gekauft hatte, die Vorstellung der Göttlichkeit beseitigen und herunternehmen lassen wollte, um es ohne Scheu küssen zu können. Endlich aber überwandt das Gewissen das Seufzen und die Begierde und es tat not, daß er das Bild aus dem Hause tat» (alle Zitate: da Vinci, 1909:15 ff).

Welch überaus feines Gespür Leonardo für jene Stimuli besaß, die derart überwältigende Gefühlsreaktionen im Betrachter hervorrufen, wird ebenfalls aus seinen Notizbüchern deutlich. So war ihm die nachhaltige pragmatische Wirkung, die die Lateralflexion des Kopfes auf uns ausübt, keineswegs entgangen. «Frauen», so trug er in sein Skizzenheft ein, sollte man am besten stets «mit zur Seite geneigtem Kopf präsentieren» (da Vinci, 1909:122). Bei der Mona Lisa hat er sich, wie George Boas (1940:224) betont, an diese Regel zwar nicht gehalten. Doch bewußt oder unbewußt hat er sein Wissen um die kognitiven und affektiven Wirkungen, die von der seitlichen Kopfkippung ausgehen, genutzt, um jenes unergründliche, geheimnisvolle Lächeln zu erzeugen, das den Betrachter noch immer vor ein Rätsel stellt – und einfach nicht zur Ruhe kommen läßt.

«Jedesmal wenn wir zu ihr zurückkehren», so faßte etwa der große Kunsthistoriker Ernst Gombrich die Erfahrung zahlloser Besucher des Louvre in Worte, sieht die Mona Lisa wieder «ein bißchen anders aus. Selbst in Photographien des Gemäldes erleben wir diesen befremdlichen Effekt, aber vor dem Original im Louvre ist er geradezu unheimlich. Manchmal scheint sie sich über uns lustig zu machen und dann wieder scheinen wir eine Art von Traurigkeit in ihrem Lächeln zu erhaschen». Der Betrachter, so Gombrich, könne sich dadurch einfach nicht darüber klar werden, «in welcher Stimmung sich Mona Lisa wirklich befindet, wenn sie uns anschaut». Ja, noch während man vor ihr stehe, scheine sie sich «wie ein lebendes Wesen vor unseren Augen zu verändern» (Gombrich, 1978:227 f).

Informationsbox 2 (Fortsetzung)

Um diesen geheimnisvollen Effekt zu erzielen, machte sich Leonardos Genie den Umstand zunutze, daß die pragmatische Interpretation der seitlichen Kopfkippung völlig verschieden ausfällt, je nachdem, ob der Kopf einer Figur zu einer Bezugsperson hin oder von ihr wegkippt. Wenn sich die Kippung in Richtung auf den Partner orientiert (der noch nicht mal im Bild selbst anwesend sein muß, dessen jeweilige Position sich vielmehr auch aus der Blickrichtung ergeben kann), so erkennt der unbewußte Schluß auf – kurz gesagt – «Zuneigung», andernfalls auf «Abneigung».

Die Kopfhaltung der Mona Lisa hat Leonardo nun so gewählt, daß eine ganz minimale, der

«Abneigung»

Richtung nach mit bloßem Auge kaum noch zuverlässig bestimmbare, Flexion in der Lateraldimension vorliegt (oberes Bild). Diese Uneindeutigkeit läßt offenbar im Auge des Betrachters eine Art Kippphänomen entstehen, das wiederum den mit der Deutung nonverbaler Stimuli befaßten pragmatischen Interpreten zu einem ständigen Hin und Her in der Eigenschaftszuschreibung veranlaßt. Kippt man Mona Lisas Kopf entgegen der Richtung, in die ihre Augen blicken (und damit gleichzeitig vom Betrachter weg), so verschwindet scheinbar das Lächeln auf ihrem Gesicht, und die von Gombrich angesprochene, mockant abschätzige Art, mit der sie uns zu taxieren scheint, tritt ganz deutlich hervor (mittleres

«Zuneigung»

Bild). Kippt man dagegen, wie im unteren Bild realisiert, ihren Kopf in die Richtung, in die die Augen blicken (und damit auch zum Betrachter hin), so meint man eine ganz weiche, leicht traurige Person vor sich zu sehen, in deren verträumt wirkendem Gesicht ein – auf einmal gar nicht mehr rätselhaftes – liebliches Lächeln erscheint.

II Zukünftige Forschungsaufgaben

Es sind rund 350 Jahre vergangen, seit der Mathematiker, Physiker und Konstrukteur der ersten Rechenmaschine, Blaise Pascal, erstmalig die Frage nach dem Einfluß thematisierte, den nonverbale Stimuli auf das kulturelle und politische Geschehen in der Welt ausüben. In seinem berühmten Diktum: «Das Gesicht der Welt würde heute anders aussehen, wenn die Nase der Kleopatra anders ausgesehen hätte», machte er, so knapp und prägnant wie kein anderer vor oder nach ihm, auf die gewaltigen Implikationen aufmerksam, die selbst höchst banale nonverbale Stimuli speziell im Kontext der Politik entfalten können[15]. Heute, an der Schwelle zum dritten Jahrtausend, schlägt die Macht der Bilder die Menschen wohl mehr als je zuvor in ihren Bann. Und doch hat die Epoche der Aufklärung auf diesem Gebiet noch gar nicht wirklich begonnen. Ja, in einer Schrift mit dem programmatischen Titel *Schafft das Fernsehen ab* meinte Jerry Mander gar: «Die westliche Gesellschaft... neigt nicht nur zur Blindheit gegenüber der Macht der Bilder, sondern auch zur Blindheit gegenüber der Tatsache, daß wir gegen sie fast wehrlos sind» (Mander, 1979:223).

Wehrlos? Auch Pascal, Lichtenberg, Helmholtz, Lippmann, Lorenz? Auch Shakespeare, der uns verriet, daß die Schönheit «im Auge des Betrachters» liege? Wohl kaum. In Anbetracht der von so vielen Autoren angesprochenen grundsätzlichen Unbelehrbarkeit und Unbeirrbarkeit der visuellen Wahrnehmung muß man sich denn auch wohl die Frage stellen, welchen Nutzen man sich überhaupt davon versprechen kann, dem geheimen Wirkzusammenhang nachzuspüren, der die pragmatische Lesart nonverbaler Stimuli regiert. Spätestens seitdem das «kopernikanische Weltbild in jede Kinderstube dringt», so paraphrasiert auch Meyer (1992:44) das Helmholtz'sche Paradoxon, wisse ja buchstäblich jedermann, daß uns der visuelle Sinn

---

15 Die diesbezügliche Stelle in Pascals Pensées lautet im vollen Wortlaut: «Qui voudra connaître à plein la vanité de l'homme n'a qu'à considérer les causes et les effets de l'amour. La cause en est *un je ne sais quoi* (CORNEILLE), et les effets en sont effroyables. Ce *je ne sais quoi*, si peu de chose qu'on ne peut le reconnaître, remue toute la terre, les princes, les armes, le monde entier.
Le nez de Cléopâtre: s'il eût été plus court, toute la face de la terre aurait changé» (Pascal, 1972:79f.).

zu verkehrten Vorstellungen über die geographischen Gegebenheiten dieser Welt verleite. Und doch drehe sich die Erde für uns «auch im vierten Jahrhundert nach Kopernikus abends nicht weg. Die Sonne geht dem Auge, dem Weltbild und dem Gemüt immer noch unter» (Meyer, 1992:49). Was also hilft es uns, so könnte man achselzuckend fragen, den geheimen Kode zu knacken, der die stereotypen «Bilder in unseren Köpfen» entstehen läßt, wenn wir an dem Eindruck, der sich unseren Augen aufgrund nonverbaler Stimuli aufdrängt, letztlich doch nichts ändern können?

Um eine Antwort auf diese Frage zu finden, muß man, zwei Jahrhunderte nach Kants *Anthropologie in pragmatischer Hinsicht,* nicht lange suchen. Wir *sehen* zwar die Dinge dieser Welt noch immer mit denselben Augen wie unsere steinzeitlichen Vorfahren. Und genauso wenig wie diese können wir die Vor-Urteile, die uns unser optischer Apparat aufdrängt, aus der Welt schaffen. Doch ganz anders als der Steinzeitmensch, für den die aus seinen unbewußten Schlüssen resultierenden Vorstellungsbilder zwangsläufig die Grundlage seiner ganzen Lebensführung bildeten, müssen wir Heutige, jedenfalls insoweit wir die Dinge besser verstehen, nicht mehr danach *handeln.* Die visuelle Wahrnehmung des zivilisierten Menschen mag nach wie vor vom geozentrischen Weltbild beherrscht sein, sein Handeln ist am heliozentrischen Weltbild orientiert. Dadurch wurde es ihm nicht nur möglich, in der Welt, in er lebt, sich rein äußerlich besser zurecht zu finden. Der wahrscheinlich noch viel wertvollere Gewinn ist der höhere Grad an innerer, *psychischer* Autonomie, den ihm die höhere Verarbeitungstiefe des bewußten Denken verschaffte: Anders als seine Vorfahren, in deren Kinderstube Kopernikus noch nicht präsent war, packt den Menschen des 20. Jahrhunderts – auch wenn ihm die Erde nach wie vor «flach» erscheint – noch nicht mal mehr die dumpfe Angst, am Rand der Welt ins Nichts zu fallen, wenn er heute ein Schiff besteigt.

Es kann denn auch nicht etwa im oben zitierten Sinne Manders darum gehen, «das Fernsehen abzuschaffen». Und schon gar nicht kann sich die Wissenschaft selbst ein Mandat erteilen, normativ weisungsgebend – und damit quasi bürokratisch – tätig zu werden. Ihre Aufgabe ist die Durchdringung der versteckten Zusammenhänge. Wenn sie diese Aufgabe bewältigt, wird sich der Rest finden. Es muß dementsprechend darum gehen, «Aufklärung» zu schaffen, wenn wir im «Krieg der Bilder gegen die Urteilskraft der Bürger» (Meyer, 1992:93) nicht unterliegen wollen. Sinn und Zweck der Aufklärung hat aber ein für allemal Kant definiert als den «Ausgang des Menschen aus seiner selbstverschuldeten Unmündigkeit» (Kant, 1784:481). Die Suggestivkraft, mit der uns der Augenschein beherrscht, macht uns, wie schon Helmholtz erkannte, das Mündigwerden auf diesem Gebiet wohl besonders schwer. Selbst Lichtenberg empfand die Zwanghaftigkeit des Visuellen gelegentlich als so lästig, daß er einmal scherzte: «Nichts schmerzt mich mehr, bei allem meinem Tun und Lassen, als daß ich die Welt so ansehen muß, wie der gemeine Mann, da ich doch szientifisch weiß, daß er sie falsch ansieht». (Lichtenberg, 1991:405). Aber gerade Helmholtz und Lichtenberg sind selbst das beste Beispiel dafür, welch tiefen Einblick in psychologische Zusammenhänge und welch hohen Grad an Souveränität man gewinnen kann, indem man sich eben gerade nicht mit dem vom visuellen Sinn automatisch angelieferten «physiognomischen Weltbild» zufriedengibt, das, wie zuerst Heinz Werner (1953) erkannte, ja im Grunde nichts anderes darstellt als ein Steckenbleiben in jener infantilen Weltsicht, die – üblicherweise als bloßes Durchgangsstadium der Persönlichkeitsentwicklung – das kindliche Denken und Erleben beherrscht.

Wenn die Dinge so wären, wie sie uns erscheinen, bräuchte es keine Wissenschaft. Die Tiere, deren sensorischer Apparat dem unseren in vieler Hinsicht vergleichbar ist, fühlen sich, wie Konrad Lorenz so eindringlich klar machte – eben weil sie nicht zweifeln können – stets bestens im Bilde. Wie immer der unbewußte Schluß aussehen mag, den deren inferentielles System aus dem sensorischen Input zieht, er ist sozusagen das letzte Wort zur Sache. Und Lorenz vergaß auch nicht darauf hinzuweisen, daß die Tiere uns Menschen genau deshalb immer wieder in die Falle gehen.

Wir sind die erste und bisher einzige Spezies, die mit der Option ausgestattet ist, die unbewußten Schlüsse, die uns unser sensorischer Apparat ungefragt aufdrängt, nicht handlungsbestimmend werden zu lassen. Das sich daraus ergebende ungeheure Potential an Autonomie und Innovationskraft können wir freilich überhaupt nur in dem Maße nutzbar machen, in dem es uns gelingt, das durch unbewußte Schlüsse erzeugte Scheinwissen zu überwinden – und indem wir den Mut finden, uns von der bequemen Pseudogewißheit zu lösen, die uns nur allzu oft daran hindert, den Dingen auf den Grund zu gehen. «Man entdeckt», so hat es André Gide einmal formuliert, eben «keine neuen Erdteile, wenn man nicht den Mut hat, alle Küsten aus den Augen zu verlieren».

In einer Zeit, in der sich der gesamte kommunikative Prozeß immer mehr in den Bereich des Visuellen verschiebt, wird sich die Wis-

145

senschaft der Auseinandersetzung mit den Fragen der visuellen Eindrucksbildung nicht ein weiteres Mal entziehen können, wenn sie zum Verständnis des Kommunikationsgeschehens einen relevanten Beitrag leisten will. Schon in naher Zukunft wird das Studium der in der Humankommunikation wirksamen Prozesse nochmals erheblich an praktischer Bedeutung gewinnen. Denn nicht nur für das Verständnis der Medienwirkung, auch für die bereits jetzt absehbaren Entwicklungen im Bereich der dialogischen Formen der Mensch-Maschine-Kommunikation, stellt die intime Kenntnis der auf seiten des Rezipienten vorliegenden Gegebenheiten eine zentrale Voraussetzung dar. Die Designphilosophie, die der Konzeption der modernen Informations- und Kommunikationstechnologien zugrundeliegt, klammert ja den Rezipienten in dem Maße aus, in dem sie die pragmatische Dimension der Informationsverarbeitung nicht zur Kenntnis nimmt. Zwar hat das am Shannon'schen Modell orientierte Verständnis des Kommunikationsprozesses sich in der technischen Kommunikation hervorragend bewährt. In dem Moment, in dem es zur Erklärung der Prozesse der Humankommunikation herangezogen wird, innerhalb derer eben gerade die *pragmatische* Dimension von zentraler Bedeutung ist, gerät es jedoch zum Zerrbild des Geschehens. Man muß sich daher auch nicht wundern, daß nach wie vor so viele Menschen beim Umgang mit der I&K-Technologie stöhnen, oder gar ganz davor zurückschrecken – ungeachtet der von den Software-Entwicklern ständig beschworenen «Nutzerfreundlichkeit». Auch hier wird ein Umdenken erforderlich sein.

Es bleibt die Frage zu beantworten, welche Disziplin – im Hinblick auf die Abklärung der Rolle der nonverbalen Kommunikation – den «Ausgang» aus der, wie die Wissenschaftsgeschichte zeigt, in der Tat selbstverschuldeten Unmündigkeit bewerkstelligen soll. Philosophie, Ethologie, Anthropologie und Linguistik, die mit den Arbeiten von Morris, Grice, Lorenz, Hall, Goffman, Sperber, Wilson u. a. zum Fortschritt des theoretischen Verständnisses des Kommunikationsgeschehens in den letzten Jahrzehnten so viel beigetragen haben, stoßen im Hinblick auf die Untersuchung der pragmatischen Wirkungen nonverbaler Stimuli auf wohl nur schwer überwindbare Grenzen, vor allem methodischer Natur. Aber auch die Psychologie, die für die Untersuchung der kognitiven und affektiven Rezeptionsprozesse auf seiten des Empfängers noch am ehesten zuständig wäre, scheint für die Auseinandersetzung mit den anstehenden Fragen, zumindest zum gegenwärtigen Zeitpunkt, schlecht gerüstet.

Zwar sind die Rahmenbedingungen für eine umfassende empirische Abklärung der pragmatischen Lesart nonverbaler Stimuli heute zweifellos günstiger als jemals zuvor in der langen Geschichte dieses Forschungsgebiets. Denn dieselben technologischen Entwicklungen, die uns die Flut visueller Information in unseren Lebensalltag schwemmten, brachten uns auch in den Besitz der hochleistungsfähigen Werkzeuge, die zur Aufklärung der psychischen Wirkung benötigt werden, die von der nonverbalen Komponente des Kommunikationsverhaltens ausgehen. Im Hinblick auf das theoretische Verständnis der Dinge tritt die Disziplin freilich nach wie vor auf der Stelle. Die wenigen Psychologen, die sich nach dem Niedergang der Ausdruckspsychologie der Thematik nochmals zuwandten (z. B. Watzlawick et al., 1967, 1996; Ekman et al., 1974, 1997), beteiligten sich nicht mal an den in den Nachbardisziplinen unternommenen Bemühungen um die gedankliche Neuorientierung der Forschungsarbeit. Sie blieben vielmehr im tradierten psycho-diagnostischen Denken verhaftet und warfen somit, wie es Lichtenberg schon den «Physiognostikern» des 18. Jahrhunderts vorgehalten hatte, einfach wieder «neue Blicke durch die alten Löcher». Es wird daher wohl die Aufgabe der erst im Entstehen begriffenen Wissenschaft von der «Humankommunikation» sein, das notwendige Umdenken einzuleiten und die neuen Wege zu öffnen, die wir gehen müssen, wenn wir uns – im Sinne der Helmholtz'schen Vorstellungen – vom Gaukelspiel der Sinne emanzipieren und zu einem tieferen Verständnis des Geschehens in uns selbst – und in der uns umgebenden, immer stärker visualisierten, Welt kommen wollen.

12 Literatur

Bates, H. W. (1862). Contributions to an insect fauna of the Amazon Valley. Lepodoptera: Heliconidae. *The Transactions of the Linnean Society of London. XXIII*, 495–566.

Barton, R. A. (1953). Advertising. In: W. Yust (Ed.) 1953 Britannica book of the year, 20-22. Chicago: Encyclopaedia Britannica.

Beers, G. L. (1949). Television. In: W. Yust (Ed.) 1949 Britannica book of the year, 692–694. Chicago: Encyclopaedia Britannica.

Bente, G. & Frey, S. (1992). «Visuelle Zitate» als Mittel der Fernsehberichterstattung in der Bundesrepublik, Frankreich und den USA. In: W. Schulz (Hrsg.) *Medienwirkungen. Einflüsse von Presse, Radio und Fernsehen auf Individuum und Gesellschaft. Untersuchungen im Schwerpunktprogramm «Publizistische Medienwirkungen» der Deutschen Forschungsgemeinschaft, 191–222.* Weinheim: VCH.

Birdwhistell, R. L. (1952). *Introduction to kinesics.* Louisville: University of Louisville Press.

Birdwhistell, R. L. (1970). *Kinesics and context: Essays on body motion communication.* Philadelphia: University of Pennsylvania Press.

Boas, G. (1940). The Mona Lisa in the history of taste. *Journal of the History of Ideas,* 207–224.

Bogardus, E. S. (1925). Social distance and its origins. *Journal of Applied Sociology (1924–1925), Vol. IX.* 216–226.

Boring, E. G. (1942). *Sensation and perception in the history of experimental psychology.* New York: Appleton-Century.

Bühler, K. (1933). *Ausdruckstheorie. Das System an der Geschichte aufgezeigt.* Jena: Fischer.

Cooley, C. H. (1902). *Human Nature and Social Order.* New York: Scribner.

Coy, W. (1950). Federal Communication Commission. In: W. Yust (Ed.) 1950 Britannica book of the year, 278. Chicago: Encyclopaedia Britannica.

Coy, W. (1951). Federal Communication Commission. In: W. Yust (Ed.) 1951 Britannica book of the year, 283. Chicago: Encyclopaedia Britannica

Darwin, Ch. (1872). *Expression of the emotions in man and amimals.* London: Murray.

Davis, M. (1972). *Understanding body movement. An annotated bibliography.* New York: Arno Press.

Davis, M. (1979). The state of the art: Past and present trends in body movement research. In: A. Wolfgang (ed.), *Nonverbal behavior. Applications and cultural implications.* New York: Academic Press.

Efron, D. (1941). *Gesture and Environment.* New York: King's Crown Press.

Einstein, A. (1950). *Out of my later years.* New York.: Philosophical Library.

Ekman, P. & Friesen, W. V. (1978). *Facial action coding system.* Palo Alto: Consulting Psychologist's Press.

Ekman, P., Friesen, W. V., & Ellsworth, P. (1974). *Gesichtssprache. Wege zur Objektivierung menschlicher Emotionen.* Wien: Böhlaus.

Ekman, P. & Rosenberg, E. (1997). *What the face reveals. Basic and applied studies of spontaneous expression using the Facial Action Coding System (FACS).* Oxford: Oxford University Press.

Epstein, E. J. (1973). *News from Nowhere: Television and the news*. New York: Random House.

Frey, S. (1976). The assessment of similarity. In: M. v. Cranach (ed.), *Methods of inference from animal to human behavior*. The Hague: Mouton, 7–23.

Frey, S. (1984). *Die nonverbale Kommunikation*. Stuttgart: SEL-Stiftung für technische und wirtschaftliche Kommunikationsforschung.

Frey, S. (1991). Nachwort. In: G. C. Lichtenberg (Hrsg.) *Goettinger Taschen = Calender vom Jahr 1778.* Faksimileausgabe 1991. Mainz: Dieterich'sche Verlagsbuchhandlung.

Frey, S. (1993a). Lavater, Lichtenberg, and the suggestive power of the human face. In: E. Shookman (ed.), *The faces of physiognomy: Interdisciplinary approaches to Johann Caspar Lavater*. Columbia, S. C.: Camden House, 64–103.

Frey, S. (1993b). *Medienwirkung nonverbaler Kommunikation im interkulturellen Vergleich. Eine Untersuchung zur visuellen Präsentation politischer Funktionsträger in Nachrichtensendungen aus der Bundesrepublik, Frankreich und den USA*. Schlußbericht an die Deutsche Forschungsgemeinschaft (Förderungsnummern: Fr697/1–1, Fr697/1–2, Fr697/1–3).

Frey, S. (1998). Prejudice and inferential communication: A new look at an old problem. In: I. Eibl-Eibesfeldt & F. K. Salter (eds.), *Indoctrinability, warfare, and ideology*. Oxford: Berghan, 189–217.

Frey, S. (1999). Neue Wege in der Kommunikationsforschung. In: D. Ganten, E. Meyer-Galow, H. Ropers, H. Scheich, H. Schwarz, K. Urban und E. Truscheit (Hrsg.) *Gene, Neurone, Qubits & Co. Unsere Welten der Information. Verhandlungen der Gesellschaft Deutscher Naturforscher und Ärzte. 120. Versammlung, 19–22. September 1998 in Berlin*. Stuttgart: Hirzel.

Frey, S. & Bente, G. (1989). Mikroanalyse medienvermittelter Informationsprozesse. Zur Anwendung zeitreihen-basierter Notationsprinzipien auf die Untersuchung von Fernsehnachrichten. In: M. Kaase und W. Schulz (Hrsg.), *Kölner Zeitschrift für Soziologie und Sozialpsychologie, Sonderheft 30/1989: Massenkommunikation. Theorien, Methoden, Befunde*. Opladen: Westdeutscher Verlag, 508–526.

Frey, S. & Hirsbrunner, H. P. (1978). Erforschung nichtsprachlicher Verhaltensphänomene – ein Werkstattbericht. *Jahresbericht 1977. Schweizerischer Nationalfonds zur Förderung der wissenschaftlichen Forschung*. Bern, 43–49.

Frey, S., Hirsbrunner, H. P., & Bieri-Florin, A. (1979). Vom Bildschirm zum Datenprotokoll: Das Problem der Rohdatengewinnung bei der Untersuchung nichtverbaler Interaktion. *Zeitschrift für Semiotik*, 193–209.

Frey, S., Hirsbrunner, H. P., Florin, A., Daw & W., Crawford, R. (1983). A unified approach to the investigation of nonverbal and verbal behavior in communication research. In: W. Doise and S. Moscovici (eds.). *Current issues in European social psychology*. Cambridge: Cambridge University Press, 143–99.

Frey, S., Hirsbrunner, H. P., Florin, A., Daw & W., Crawford, R. (1984). Analyse intégrée du comportement non verbal et verbal dans le domaine de la communication. In: J. Cosnier et A. Brossard (eds.) La communication non verbale. Paris: Delachaux & Niestlé, 145–227.

Frey, S., Hirsbrunner, H. P., Pool, J. & Daw, W. (1981). Das Berner System zur Untersuchung nonverbaler Interaktion: I. Die Erhebung des Rohdatenprotokolls. In P. Winkler (Hrsg.), *Methoden der Analyse von Face-to-Face-Situationen* Stuttgart: Metzler, 203–236.

Frey, S., Kempter, G. & Frenz, H. G. (1996). Theoretische Grundlagen der multimedialen Kommunikation. *Spektrum der Wissenschaft* 8/1996, 32–38.

Frey, S. & Pool, J. (1976). A new approach to the analysis of visible behavior. *Research Reports of the University of Berne*. Bern: Universität Bern.

Frey, S., Raveau, A., Kempter, G., Darnaud, C. & Argentin, G. (1993). Mise en évidence du traitement cognitif et affectif du non-verbal. *msh-informations. Bulletin de la Fondation Maison des sciences de l'homme*, 70, 4–23.

Fülleborn, G. G. (1797). *Abriss einer Geschichte und Litteratur der Physiognomik.* Züllichau und Freystadt: Frommann.

Funck, H. (1901). *Goethe und Lavater. Briefe und Tagebücher. Herausgegeben von Heinrich Funck.* Weimar: Verlag der Goethe-Gesellschaft.

Galluzzi, P. (1995). *Les ingénieurs de la Renaissance de Brunelleschi à Léonard de Vinci.* Paris: Cité des Sciences et de l'Industrie.

Gair, J. W. (1971). Alphabet, in Collier's Encyclopedia, Vol. 1, New York: Collier, 588–606.

Gerbner, G. (1956). Toward a general model of communication. *Audio-Visual Communication Review*, 4, 171–199.

Gilbert, D. T. (1989). Thinking lightly about others: Automatic components of the social inference process. In: J. S. Uleman & J. A. Bargh (Eds.) *Unintended thought.* New York: The Guilford Press.

Goffman, E. (1959). The presentation of self in everyday life. Garden City: Doubleday.

Goldstein, A. C. (1981). Behavioral scientists' fascination with faces. *Journal of Nonverbal Behavior*, 7, 223–255.

Gombrich, E. H. (1967). *Kunst und Illusion. Zur Psychologie der bildlichen Darstellung.* Köln: Phaidon.

Gombrich, E. H. (1978). The story of art. Thirteenth edition. London: Phaidon.

Grice, H. P. (1975). Logic and conversation. In: P. Cole and J. L. Morgan *(eds.). Syntax and semantics,* Vol. 3: Speech acts. New York: Academic Press, 41–58.

Grice, H. P. (1978). Further notes on logic and conversation. In: P. Cole (ed.) *Syntax and Semantics, Vol. 9: Pragmatics,* New York: Academic Press, 113–127.

Grice, H. P. (1989). *Studies in way of words.* Harvard University Press, Boston.

Guilford, J. P. (1931). Racial preferences of a thousand American university students. *Journal of Social Psychology*, 2, 179–204.

Hall, E. T. (1959). *The silent language.* Garden City: Doubleday.

Hellen, E. von der (1888). *Goethes Anteil an Lavaters Physiognomischen Fragmenten.* Frankfurt: Rütten & Lönig.

Helmholtz, H. (1867). Handbuch der physiologischen Optik. In: G. Karsten (Hrsg.). *Allgemeine Encyklopädie der Physik,* Band 9. Leipzig: Voss.

Hjortsjö, C.-H. (1970). *Man's face and mimic language.* Studentlitteratur, Lund.

Horton, O. & Wohl, R. (1956). Mass communication and para-social interaction. *Psychiatry*, 19, 215–229.

Jahnke, J. (1975). *Interpersonale Wahrnehmung.* Stuttgart: Kohlhammer.

Jendraczyk, M. (1991). «Snap Judgments» in der Personwahrnehmung. Diplomarbeit im Nebenfach Psychologie. Universität Duisburg.

Kant, I. (1784). Was ist Aufklärung? *Berlinische Monatsschrift, 12, Dezember 1784,* 481–494.

Kant, I. (1980). *Anthropologie in pragmatischer Hinsicht.* Hrsg. von Karl Vorländer. Hamburg: Meiner.

Katz, D. & Braly, K. W. (1933). Racial stereopypes of one hundred college students. *Journal of Abnormal and Social Psychology, 28,* 280–290.

151

Katz, D. & Braly, K. W. (1935). Racial prejudice and racial stereotypes. *Journal of Abnormal and Social Psychology*, 30, 175–193.

Kempter, G. (1998). *Das Bild vom Anderen. Skriptanimation als Methode zur Untersuchung spontaner Attributionsprozesse.* Eingereicht als Habilitationsschrift an der Universität Duisburg.

Kepplinger, H. M. (1980). Optische Kommentierung in der Fernsehberichterstattung über den Bundestagswahlkampf 1979. In: T. Ellwein (Hrsg.), *Politikfeld-Analysen 1979.* Opladen: Westdeutscher Verlag, 163–179.

Kepplinger, H. M. (1987). *Darstellungseffekte. Experimentelle Untersuchungen zur Wirkung von Pressefotos und Fernsehfilmen.* Freiburg: Alber.

Kepplinger, M. (1983). Die Macht des Bildes. *Epoche, Heft 70,* 44–49.

Kepplinger, H. M. & Donsbach, W. (1983). Der Einfluß der Kameraperspektiven auf die Wahrnehmung eines Parteiredners durch Anhänger, Gegner und neutrale Zuschauer. In: W. Schulz und K. Schönbach (Hrsg.), Massenmedien und Wahlen. München: Ölschläger, 406–423.

Key, M. R. (1977). *Nonverbal communication.* Metuchen, N. J.: The Scarecrow Press.

Kirsten, Ch. (1986). *Dokumente einer Feundschaft. Briefwechsel zwischen Hermann von Helmholtz und Emil du Bois-Reymond 1846–1894.* Berlin: Akademie-Verlag.

Klages, L. (1923). *Ausdrucksbewegung und Gestaltungskraft. Grundlegung der Wissenschaft vom Ausdruck.* Leipzig: Verlag J. A. Barth.

Klages, L. (1926). *Die Grundlagen der Charakterkunde. Vierte Auflage der Prinzipien der Charakterologie.* Leipzig: Barth.

Königsberger, L. (1903). *Hermann von Helmholtz.* Drei Bände. Braunschweig: Vieweg.

Krüger, L. (1994). *Universalgenie Helmholtz. Rückblick nach 100 Jahren.* Berlin: Akademie Verlag.

Kretschmer, E. (1921). *Körperbau und Charakter: Untersuchungen zum Konstitutionsproblem und zur Lehre von den Temperamenten.* Berlin: Springer.

Lanzetta, J. T., Sullivan, D. G., Masters, R. D. & McHugo, G. J. (1985). Viewers' emotional and cognitive responses to televised images of political leaders. In: S. Kraus and R. Perloff (eds.) *Mass media and political thought.* Beverly Hills: Sage, 86–116.

Lapiere, R. T. (1928). Race, cultural groups, social differentiation. *Social Forces,* 7, 102–111.

Lasswell, H. D. (1948). The structure and function of communication in society. In: L. Bryson (ed.) *The communication of ideas.* New York: Harper & Row, 37–51.

Lavater, J. C. (1775–1778). *Physiognomische Fragmente zur Beförderung der Menschenkenntnis und Menschenliebe.* Vier Bände . Leipzig: Weidmann Erben & Reich.

Lavater, J. C. (1793). Unterredung mit dem Kaiser. (der unter dem Namen *Graf von Falkenstein* reiste*). Samstags den 26. Julius 1777.* In: J. C. Lavater: *Handbibliothek für Freunde,* 5, 164–238.

Lersch, P. (1932). *Gesicht und Seele.* München: Reinhard.

Levinson, S. C. (1983). *Pragmatics.* Cambridge: Cambridge University Press.

Lewicki, P. (1986). *Nonconscious social information processing.* London: Academic Press.

Leyhausen, P. (1951). Einführung in die Eindruckskunde. *Schola,* 6, 895–900.

Lichtenberg, G. C. (1778/1991). *Goettinger Taschen = Calender vom Jahr 1778.* Faksimileausgabe 1991. Mainz: Dieterich'sche Verlagsbuchhandlung.

Lichtenberg, G. C. (1801). Anhang, enthaltend einen Bericht von den über die vorgehende Abhandlung entstandenen Streitigkeiten, nebst Beylagen. In: L. C. Lichtenberg und F. Kries (Hrsg.). Georg Christoph Lichtenberg's vermischte Schriften. Göttingen: Dieterich, 527–602.

Lichtenberg, G. C. (1972). *Schriften und Briefe*. Dritter Band. Aufsätze; Entwürfe, Gedichte; Erklärung der Hogarthischen Kupferstiche. Herausgegeben von Wolfgang Promies. München: Carl Hanser Verlag.

Lichtenberg, G. C. (1980). *Schriften und Briefe*. Erster Band. Sudelbücher I. Herausgegeben von Wolfang Promies. 3. Auflage. München: Carl Hanser Verlag.

Lichtenberg, G. C. (1991). *Schriften und Briefe*. Zweiter Band. Sudelbücher II, Materialhefte, Tagebücher. Herausgegeben von Wolfang Promies. 3. revidierte Auflage. München: Carl Hanser Verlag.

Lichtenberg, G. C. (1983). *Briefwechsel. Band I. 1765–1779*. Im Auftrag der Akademie der Wissenschaften zu Göttingen herausgegeben von Ulrich Joost und Albrecht Schöne. München: Beck .

Lippmann, W. (1998). Public opinion. New Brunswick: Transaction (Erstveröffentlichung 1922).

Lorenz, K. (1935). Der Kumpan in der Umwelt des Vogels. *Journal für Ornithologie*, 83, 137–213, 289–413.

Lorenz, K. (1939). Vergleichende Verhaltensforschung. *Verhandlungen der Deutschen Zoologischen Gesellschaft, Rostock. Zoologischer Anzeiger, Supplement*, 12, 69–102.

Lorenz, K. (1943). Die angeborenen Formen möglicher Erfahrung. *Zeitschrift für Tierpsychologie*, 5, 235–409.

Lorenz, K. & Leyhausen, P. (1968). Antriebe tierischen und menschlichen Verhaltens. München: Piper.

Macomber, W. B. (1967). The anatomy of disillusion. Martin Heidegger's notion of truth. Evanston: Northwestern University Press.

Mahl, G. F. (1968). Gestures and body movements in interviews. In: J. M. Shlien (ed.), *Research in psychotherapy, vol 3*. Washington, D. C.: American Psychological Association, 295–346.

Mander, J. (1979). *Schafft das Fernsehen ab! Eine Streitschrift gegen das Leben aus zweiter Hand*. Reinbek: Rowohlt.

Martin, S. E. (1972). Nonalphabetic writing systems: Some observations. In: J. F. Kavanagh and I. G. Mattingly (eds.), *The relationship between speech and reading. Cambridge*: MIT Press.

Masters, R. D. (1981). Linking ethology and political science: Photographs, political attention, and presidential elections. In: M. Watts (ed.). *Biopolitics: Ethological and physiological approaches*. San Francisco: Jossey-Bass, 61–80.

Masters, R. D. (1989). *The nature of politics*. New Haven: Yale University Press.

Masters, R. D. (1993). *Beyond relativism. Science and human values*. Hanover & London: University Press of New England.

Masters, R. D. (1996). Machiavelli, Leonardo, and the science of power. Notre Dame, Ind.: University of Notre Dame Press.

Masters, R. D. (1998). Fortune is a river. Leonardo da Vinci and Nicolò Machiavelli's magnificent dream to change the course of Florentine history. New York: The Free Press.

Masters, R. D. (1999). Fortuna ist ein reißender Fluß. Wie Leonardo da Vinci und Niccolò Machiavelli die Geschichte verändern wollten. München: List.

Masters, R. D., Frey, S. & Bente, G. (1991). Dominance and attention: Images of leaders in German, French, and American TV news. *Polity*, 25, 373–394.

Mausfeld, R. (1994). Hermann v. Helmholtz. Die Untersuchung der Funktionsweise des Geistes als Gegenstand einer wissenschaftlichen Psychologie. *Psychologische Rundschau*, 45, 133–147.

McHugo, G. J., Lanzetta, J. T., Sullivan, D. G., Masters, R. D. & Englis, B. (1985). Emotional reactions to expressive displays of a political leader. *Journal of Personality and Social Psychology*, 49, 1513–29.

Meyer, T. (1992). *Die Inszenierung des Scheins. Voraussetzungen und Folgen symbolischer Politik. Essay Montage*. Frankfurt: Suhrkamp.

Miller, G. A. (1953). What is information measurement? *American Psychologist*, 8, 3–11.

Miller, G. A. (1956). The human link in communication systems. *Proceedings of the National Electronics Conference*, Vol. 12, 395–400.

Miller, G. A. (1968). *The psychology of communication. Seven Essays*. Allen Lane the Penguin Press, London.

Möller, C. (1999). Interaktionsverlaufsanalyse (IVA) als Methode zur Untersuchung der inferentiellen Kommunikationsprozesse in Mensch-Maschine-Systemen. Dissertation, Gerhard-Mercator-Universität Duisburg.

Morris, C. (1938). Foundations of the theory of signs. In: O. Neurath (ed.). *International encyclopedia of unified science*, Vol. 1. Chicago: University of Chicago Press.

Morris, C. (1971). *Writings on the general theory of signs*. Mouton, The Hague.

Moses, E. R., Jr. (1964). *Phonetics, history and interpretation*. Englewood Cliffs, N. J.: Prentice-Hall.

Newman, L. S. & Uleman, J. S. (1989). Spontaneous trait inference. In: J. S. Uleman and J. A. Bargh (eds.). *Unintended thought*. New York: Guilford, 155–188.

Noelle-Neumann, E. (1968). Der getarnte Elefant. Über die Wirkung des Fernsehens. Vortrag anläßlich der Mainzer Tage der Fernsehkritik. Veröffentlicht unter dem Titel: Kann das Fernsehen als Stachel der Gesellschaft wirken? Ergebnisse der Kommunikationsforschung. In: D. Stolte (Hrsg.), *Fernseh-Kritik. Die gesellschaftliche Funktion des Fernsehens*. Mainz: v. Hase & Koehler, 79–90.

Noelle-Neumann E. (1986). Zur Forschungsstrategie der Medienwirkungsforschung. In: W. Schulz (Hrsg.), *Medienwirkungsforschung in der Bundesrepublik Deutschland. Teil I, Berichte und Empfehlungen*. Weinheim: VCH.

Noelle-Neumann, E. (1973). Return to the concept of powerful mass media. In: *Studies of Broadcasting* 9, 67–112.

Pascal, B. (1972). Pensées. Paris: Librairie Générale Française.

Patterson T. & McClure M. (1976). *The unseeing eye: The myth of television power in national elections*. New York: G. P. Putnam.

Peterson R. C. & Thurstone L. L. (1932). The Effect of a motion picture film on childrens' attitudes toward Germans. *The Journal of Educational Psychology*, 23, 241–246.

Pöhls, U. (1989). Politik im Fernsehen: Zur Personalisierung in den Fernsehnachrichten der USA, Frankreichs und der Bundesrepublik Deutschland. Inaugural-Dissertation zur Erlangung des Doktorgrades der Philosophischen Fakultät der Heinrich-Heine-Universität Düsseldorf.

Pool, I. de Sola (1973). Communication Systems. In: I. de Sola Pool, W. Frey, W. Schramm, N. Maccoby, & E. B. Parker (Eds.). *Handbook of Communication*. Chicago: Rand McNally.

Ringer, F. K. (1969). The decline of the German Mandarins. The German Academic Community, 1890–1933. Cambridge, Ma.: Harvard University Press.

Ringer, F. K. (1983). Die Gelehrten. Der Niedergang der deutschen Mandarine 1890–1933. Stuttgart: Klett-Cotta.

Ruesch, J. & Bateson, G. (1950). *Communication. The social matrix of psychiatry*. Norton, New York.

Ruesch, J. & Kees, W. (1956). *Nonverbal communication*. Berkeley: University of California Press.

Russel, J. A. (1994). Is there universal recognition of emotion from facial expression? A review of the cross-cultural studies. *Psychological Bulletin*, 115, 102–141.

Sapir, E. (1973). The unconscious patterning of behavior in Society. In D. G. Mandelbaum (ed.), Selected writings of Edward Sapir. Berkeley: University of California Press, 544–559.

Schatz, H., Adamczewski, K., Lange, K., & Nüssen, F. (1981). *Fernsehen und Demokratie. Eine Inhaltsanalyse der Fernsehnachrichtensendungen von ARD und ZDF vom Frühjahr 1977*. Opladen: Westdeutscher Verlag

Schatz, H. & Schulz, W. (1992). Qualität von Fernsehprogrammen. *Media Perspektiven*, 11, 690–712.

Schneider, D. J., Hastorf, A. H. & Ellsworth, Ph. C. (1979). *Person perception*. Reading, Mass: Addison-Wesley

Schönbach, K. (1983). Das unterschätzte Medium. München: Saur.

Schramm, W. (1973). *Men, messages, and media: A look at human communication*. New York: Harper & Row.

Schulz, W. (1975). Wirkungsqualitäten verschiedener Medien. Experimentelle Untersuchungen über die Vermittlung von konnotativer Bedeutung durch unterschiedliche Formen medialer Darstellung. *Rundfunk und Fernsehen*, 23, 57–72.

Schulz, W. (1982a). *Antrag auf Errichtung eines Schwerpunktprogramms «Publizistische Medienwirkungen»* Deutsche Forschungsgemeinschaft, Bonn-Bad Godesberg.

Schulz, W. (1982b). Ausblick am Ende des Holzweges. Eine Übersicht über die Ansätze der neuen Wirkungsforschung. *Publizistik*, 27, 49–73.

Schulz, W. (1986) Medienforschung in der Bundesrepublik Deutschland: Berichte und Empfehlungen der Senatskommission für Medienwirkungsforschung unter dem Vorsitz von Winfried Schulz und der Mitarbeit von Jo Groebel. Weinheim: VCH.

Schulz, W. (1992). Medienwirkungen. Einflüsse von Presse, Radio und Fernsehen auf Individuum und Gesellschaft. Forschungsbericht. Weineheim: VCH.

Schwartzenberg, R. G. (1980). Politik als Schaugeschäft. Düsseldorf: Econ.

Shannon, C. (1948). A mathematical theory of communication. *The Bell System Technical Journal*, 27, 379–423, 623–56.

Sherif, M. (1935). An Experimental Study of Stereotypes. *Journal of Abnormal and Social Psychology*. 371–375.

Sperber, D. (1992). De l'attribution d'intention à la communication. *Le courrier du CNRS. Dossier scientifiques*, 79, 114.

Sperber, D. & Wilson, D. (1986). *Relevance. Communication and cognition*. Oxford: Blackwell.

Soule, G. (1952). How TV will take you to conventions. *Popular Science*, 80, 136–141.

Starch, D. & Barton, R. A. (1948). Advertising. In: W. Yust (Ed.) 1948 Britannica book of the year, 20–23. Chicago: Encyclopaedia Britannica.

Starch, D. & Barton, R. A. (1951). Advertising. In: W. Yust (Ed.) 1951 Britannica book of the year, 20–22. Chicago: Encyclopaedia Britannica.

Straßner, E. (1982). Fernsehnachrichten. Eine Produktions-, Produkt- und Rezeptionsanalyse. Tübingen: Niemeyer.

Sturm, H. (1981). Emotion und Erregung – Kinder als Fernsehzuschauer. Eine physiologische Untersuchung. *Fernsehen und Bildung*, 16, 11–114.

Thurstone, L. L. (1928). An experimental study of nationality preferences. *Journal of General Psychology*, 1, 405–425.

155

Thurstone, L. L. (1931). Influence of motion pictures on children's attitudes. *Journal of Social Psychology*, 23, 291–305.

Tinbergen, N. (1939). Zur Fortpflanzungsethologie von Sepia officinalis L. *Archives Néerlandaises de Zoologie*, 10, 265–89.

Tinbergen, N. (1951). *The study of instinct.* Oxford: University Press.

Tocqueville, A. de (1836). *La démocratie en Amérique.* Paris: Gallimard. Wiederabdruck 1951.

Uleman, J. S. & Bargh, J. A. (1989). *Unintended thought.* New York: Guilford.

Vinci, L. da (1909). *Leonardo da Vinci. Traktat von der Malerei. Nach einer Übersetzung von Heinrich Ludwig. – neu herausgegeben und eingeleitet von Marie Herzfeld.* Jena: Diederichs

Vogt, A. (1994). Hermann von Helmholtz' Beziehungen zu russischen Gelehrten. In: Krüger L. (Hrsg.). *Universalgenie Helmholtz. Rückblick nach 100 Jahren.* Berlin: Akademie Verlag, 66–86.

Walker, P. A. (1953). Federal Communication Commission. In: W. Yust (Ed.) 1953 Britannica book of the year, 272–273. Chicago: Encyclopaedia Britannica.

Wallace, A. R. (1870). Mimikry, and other protective resemblances among animals. In: A. R. Wallace, (ed.) *Contributions to the theory of natural selection. A series of essays.* London: Macmillan, 45–129.

Wallace, A. R. (1891). Darwinism. New York: Macmillan.

Walter, P. (1985). Mona Lisas Lächeln bleibt rätselhaft. In: K.-H. Preuß und R. H. Simen (Hrsg.). *Geschichten, die die Forschung schreibt, Band 4.* Bonn-Bad Godesberg: Verlag Deutscher Forschungsdienst, 103–106.

Warnecke, A. M. (1991). *The personalization of politics: An analysis of emotion, cognition, and nonverbal cues.* Senior Fellowship Thesis, Hanover, NH: Dartmouth College.

Warnecke, A. M., Masters, R. D. & Kempter, G. (1992). The roots of nationalism: Nonverbal behavior and xenophobia. *Ethology and Sociobiology*, 13, 267–282.

Watzlawick, P., Beavin, J. H. & Jackson, D. D. (1967). *Pragmatics of human communication. A study of interactional patterns, pathologies, and paradoxes.* New York: Norton.

Watzlawick, P., Beavin, J. H. & Jackson, D. D. (1996). *Menschliche Kommunikation. Formen, Störungen, Paradoxien.* Neunte Auflage. Bern: Huber

Weaver, W. (1949a). The mathematics of communication. *Scientific American*, 181, July 1949, 11–15.

Weaver, W. (1949b). Recent contributions to the mathematical theory of communication. In: C. Shannon and W. Weaver: *The mathematical theory of communication*, Urbana, Ill.: The University of Illinois Press, 95–117.

Weiss, H. J. (1982). Die Wahlkampfberichterstattung und -kommentierung von Fernsehen und Tagespresse zum Bundestagswahlkampf 1980. *Media Perspektiven*, 1982, 263–275.

Werner, H. (1953). *Einführung in die Entwicklungspsychologie.* Dritte Auflage. München: Johann Ambrosius Barth.

Wiener, N. (1948) *Cybernetics or control and communication in the animal and in the machine.* New York: Wiley.

Wiener, N. (1950). The human use of human beings. Cybernetics and society. New York: Avon.

Wilson, D. & Sperber, D. (1988). Discussion: The self-appointment of Seuren as censor. A reply to Pieter Seuren. *Journal of Semantics*, 5, 145–162.

Winterhoff-Spurk, P. (1986). Fernsehen: Psychologische Befunde zur Medienwirkung. Bern: Huber.

Wundt, W. (1904). *Völkerpsychologie. Eine Untersuchung der Entwicklungsgesetze von Sprache, Mythos und Sitte,* Band 1. Leipzig: Engelmann.

Yust, W. (1949). *A record of the march of events of 1948. 1949 Britannica book of the year.* Chicago: Encyclopaedia Britannica.

Yust, W. (1950). *A record of the march of events of 1949. 1950 Britannica book of the year.* Chicago: Encyclopaedia Britannica.

Yust, W. (1951). *A record of the march of events of 1950. 1951 Britannica book of the year.* Chicago: Encyclopaedia Britannica.

Yust, W. (1953). *A record of the march of events of 1952. 1953 Britannica book of the year.* Chicago: Encyclopaedia Britannica.

Zajonc, R. B. (1980). Feeling and thinking: Preferences need no inferences. *American Psychologist,* 35, pp. 151–75.

13 Anhang

Name und politische Funktion der 180 amerikanischen, deutschen und französischen Stimuluspersonen (alphabetisch, nach Namen, Stand März 1987).

Abrams, E. (Assistant Secretary of the State)
Abshire, D. (Berater Reagans)
Adam-Schwätzer, I. (Schatzministerin, FDP; in der Gruppe)
Adelman, K. (Director of Arm-Control Agency)
Amicabille, A. (Kommunalpolitiker, PCF)
Apel, H. (Mitglied des Bundestages, SPD)
Aspin, L. (Chairman Armed Services Comittee)
Aurillac (Minister für wirtschaftliche Zusammenarbeit, RPR)

Babbitt, B. (Präsidentschaftskandidat)
Badham, R. (Republikanischer Abgeordneter im Repräsentantenaus)
Baker, H. (Stabschef des Weißen Hauses)
Balladur, E. (Wirtschaftsminister im Kabinett Chirac, HU)
Bangemann, M. (Bundeswirtschaftsminister, FDP-Parteivorsitzender)
Barnes, M. (ehemaliger Kongreßabgeordneter)
Barnard, D. (Demokratischer Abgeordneter, Georgia)
Barre, R. (Abgeordneter, UDF)
Barzach, M. (Gesundheitsministerin im Kabinett Chirac, HU)
Baudis, D. (Funktion unbekannt; in der Gruppe)
Baudouin, D. (Pressesprecher des Premierministers)
Baum, G. (Mitglied des Bundestages, FDP; in der Gruppe)
Bernasconi, R. (Vorsitzender CGPM, Mittelstandsvereinigung; in der
  Gruppe)
Biaggi; M. (Demokratischer Abgeordneter im Repräsentantenhaus)
Blüm, N. (Bundesminister)
Bornard, J. (Vorsitzender der christlichen Gewerkschaft, CFTC;
  in der Gruppe)
Bosson, B. (Minister für Europafragen; in der Gruppe mit F. Mitterand)
Bousquet, J. (Bürgermeister von Nimes)
Brandt, W. (ehemaliger Bundeskanzler, in der Gruppe)

Breul, B. (Finanzministerin Niedersachsen; in der Gruppe)
Broglie, G. de (Präsident CNCL, Medienkommission)
Brooks, J. (Republikanischer Abgeordneter im Repräsentantenhaus)
Bumpers, D. (Demokratischer Senator)
Bush, G. (Vizepräsident; in der Gruppe)
Bustamonti, A. (Demokrat, Texas)

Carignon, A. (Umweltminister im Kabinett Chirac; in der Gruppe
    mit J. Chirac)
Carter; J. (ehemaliger Präsedent; in der Gruppe)
Chaban-Delmas, J. (Parlamentspräsident, RPR; in der Gruppe)
Chalandon, A. (Justizminister, RPR)
Chiles, H. (Demokratischer Senator, Budget Chairman)
Chirac, J. (Premierminister)
Claussen (Innenminister Schleswig-Holstein)
Clemence, B. (Gouverneur von Texas)
Coelho, T. (Demokratischer Abgeordneter im Repräsentantenhaus)
Cranston, A. (Demokratischer Senator, Californien)
Crawford, R. (Bürgermeister von Tulsa)

Dablanc, Ch. (Präfekt Midi-Pyrenées)
Danforth, Ch. (Republikanischer Senator, Missouri)
Denian, J.-F. (Abgeordneter d. Assemblée, Departement du Cher)
Diepgen, E. (Regierender Bürgermeister von Berlin)
Ditfurth, J. (Sprecherin des Bundesvorstandes der Grünen)
Dohnanyi, K. v. (Erster Bürgermeister von Hamburg; in der Gruppe)
Domenici, P. (Republikanischer Senator, Mitglied im Haushalts-
    ausschuß)
Douffiagues, J. (Verkehrsminister, PR)
Dregger, A. (CDU/CSU-Fraktionsvorsitzender)
Dufoix, G. (ehemalige Ministerin, Mitglied des Stadtparlaments von
    Nimes)

Ehmke, H. (Mitglied des Bundestages, SPD)

Faure, E. (President du Conseil Regional de la Franche-Compte)
Fischer, J. (Die Grünen; in der Gruppe)
Foley, T. (Demokratischer Fraktionschef im Repräsentantenhaus; in
    der Gruppe)
Fuchs, A. (SPD-Parteivorstand)

Gaudin, J.-C. (Fraktionsvorsitzender UDF)
Geissler, H. (CDU-Generalsekretär)
Genscher, H.-D. (Bundesaußenminister)
Gerhard, W. (FDP-Landesvorsitzender in Hessen)
Gibbs, L. (IRS-Commissioner)
Giraud, A. (Verteidigungsminister, Kabinett Chirac)
Glitman (Abrüstungshändler in Genf, Leiter Arbeitsgrp. Mittel-
    streckenraketen; in der Gruppe)
Glotz, P. (Mitglied des Bundestages, SPD)
Guillaume, F. (Landwirtschaftsminister, Kabinett Chirac)

Haig, A. (Funktion unbekannt)
Haussmann (FDP-Generalsekretär)
Helms, J. (Republikanischer Senator, North-Carolina)
Hernu, Ch. (ehemaliger Verteidigungsminister; in der Gruppe mit
    F. Mitterand)
Hillermayer (Sozialministerin, Bayern; in der Gruppe)
Hürland, A. (Staatssekretärin, Verteidigungsministerium; gem. mit
    Wörner)
Hyde, H. (Republikanischer Abgeordneter im Repräsentantenhaus)

Inouye, J. (Senator, Chairman Select Committee on Iran)

Jenninger, Ph. (Bundestagspräsident; in der Gruppe)
Jospin, L. (Generalsekretär PS)
Joxe, P. (ehemaliger Innenminister, Abgeordneter, PS)

Kampelman, M. (Chefunterhändler der Genfer Abrüstungs-
    delegation)
Kennedy, E. (Demokratischer Senator, Massachusetts)
Kiechle, I. (Landwirtschaftsminister)
Kleczka, G. (Demokratischer Abgeordneter im Repräsentantenhaus,
    Wisconsin; in der Gruppe)
Kleinert, H. (Mitglied des Bundestages, Die Grünen)
Kohl, H. (Bundeskanzler)
Krasucki, H. (Vorsitzender d. CGT; in der Gruppe mit J. Chirac)
Krollmann, H. (Finanzminister Hessen und Spitzenkandidat für die
    Landtagswahl)

La Fontaine, O. (Ministerpräsident, Saarland)
Lajoinie, A. (Fraktionsvorsitzender und designierter Präsidentschafts-
   kandidat, PCF)
Lambsdorf, O. G. (FDP-Fraktionsvorsitzender)
Lamm, R. (ehemaliger Gouverneur, Colorado)
Laxalt, P. (ehemaliger Senator)
Le Pen, J.-M. (Vorsitzender der FN)
Leahy, P. (Demokratischer Senator, Vermont, Intelligence Comittee)
Leotard, F. (Kulturminister, Kabinett Chirac; in der Gruppe)
Longuet, G. (Postminister, Kabinett Chirac; in der Gruppe mit
   F. Mitterand)

Madelin, A. (Minister, Zuständigkeitsbereich Industrie)
Maire, E. (Generalsekretär der Gewerkschaft, CFDT; in der Gruppe)
Malhuret, C. (Staatssekretär Menschenrechte)
Marchelli, P. (Vorsitzender der Angestelltengewerkschaft, CGC;
   in der Gruppe mit J. Chirac)
Marchais, G. (Generalsekretär der PC)
Mauroy, P. (ehemaliger Premierminister, Bürgermeister von Lille)
McCain, J. (Republikanischer Senator, Arizona)
Mechtersheimer, A. (Mitglied des Bundestages, Die Grünen)
Meese, E. (Justizminister)
Megret, B. (Wahlkampfkoordinator von Le Pen, FN)
Mehaignerie, P. (Minister f. Wohnungswesen u. Verkehr, CDS;
   in der Gruppe mit Mitterand)
Messmer, P. (Fraktionsvorsitz. i. d. Nationalversammlung, RPR;
   in der Gruppe mit Chirac)
Mitterand, F. (Präsident)
Möllemann, J. (Parlamentarischer Staatssekretär)
Montauban (Funktion unbekannt; in der Gruppe mit J. Chirac)
Moore (Abgeordneter im Kongreß)
Moynihan, D. P. (Demokratischer Senator, New York)
Muskie, E. (Mitglied der Tower Commission)

Nichols, B. (Armed Services Comitee)
Noir, M. (Außenhandelsminister; in der Gruppe mit J. Chirac)
Nucci, Ch. (ehemaliger Minister, Abgeordeter in Assemblée)
Nunn, S. (Republikanischer Senator, Georgia, Chairman Armed
   Services Comitee)

Ost, F. (Regierungssprecher)

Pandraud, R. (Minister für nationale Sicherheit, RPR; in der
  Gruppe)
Perle, R. (Assistant Defense Secretary)
Phillips, H. (Sprecher der Konservativen)
Pons, B. (Minister der überseeischen Departements und Territorien)

Raimond, J.-B. (Außenminister, Kabinett Chirac)
Raoult, E. (Abgeordneter des Senats, RPR)
Rasch, W. (FDP-Vorsitzender, Berlin)
Rau, J. (Ministerpräsident, Nordrhein-Westfalen)
Reagan, R. (Präsident)
Redman, Ch. (Sprecher des State-Department)
Renger, A. (Mitglied des Bundestages; in der Gruppe)
Rexrodt, G. (Stellvertretender FDP-Vorsitzender Berlin, Finanz-
  senator)
Riesenhuber, H. (Bundesforschungsminister)
Rollins, E. (ehemaliger Berater Reagans)
Romani, R. (Fraktionsvorsitzender, RPR)
Rostenkowski, D. (Demokratischer Abgeordneter im Repräsentan-
  tenhaus)
Roth, W. (Mitglied des Bundestages, SPD)
Rubin, J. (Sprecher der Arms Control Association)
Rudman, W. (Republikanischer Senator, New Hampshire)

Sarre, G. (Fraktionsvorsitzender im Stadtparlament von Paris, PS)
Schäuble, W. (Kanzleramtsminister, CDU)
Scheel, W. (ehemaliger Bundespräsident; in der Gruppe mit
  M. Bangemann)
Schlecht (Staatssekretär im Wirtschaftsministerium; in der Gruppe)
Schmidt, H. (ehemaliger Bundeskanzler)
Schnoor (Innenminister, Nordrhein-Westfalen; in der Gruppe)
Schöfberger, R. (SPD, Bayern)
Schoppe, W. (Mitglied des Bundestages, Die Grünen)
Seguin, P. (Minister für Sozialordnung, Kabinett Chirac; in der
  Gruppe mit J. Chirac)
Seramy, P. (President du Conseil Regional Seine et Marne)
Simpson, A. (Republikanischer Senator, Wyoming; in der Gruppe)
Sims, R. (Sprecher des Verteidigungsministeriums)

Smith, G. (State Senator)
Späth, L. (Ministerpräsident, Baden-Württemberg; in der Gruppe)
Stafford, R. (Senator, Vermont; in der Gruppe)
Steger (Innenminister, Hessen)
Stirbois, J.-P. (Generalsekretär der FN)
Stoltenberg, G. (Bundesfinanzminister)
Strauß, F.-J. (Ministerpräsident, Bayern)
Strauss-Kahn, D. (Abgeordneter d. Assemblée, Departement de la
  Haute-Savoie)
Süßmuth, R. (Bundesgesundheitsministerin)

Tandler, G. (CSU-Generalsekretär; in der Gruppe)
Tiberi, J. (Erster stellvertretender Bürgermeister von Paris)
Tjibaou, J.-M. (Präsident der Caledonischen Unabhängigkeits-
  bewegung, FLNKS)
Toubon, J. (Generalsekretär d. RPR)
Trible, P. (Republikanischer Senator)

Viguerie, R. (Sprecher der Konservativen)
Villiers, Ph. (Staatssekretär Kultur und Kommunikation)
Vivien, R.-A. (Abgeordneter, RPR)
Vogel, B. (Ministerpräsident, Rheinland-Pfalz; in der Gruppe)
Vogel, H.-J. (SPD-Parteivorsitzender)

Wallmann, W. (Bundesumweltminister)
Warnke, J. (Entwicklungshilfeminister; in der Gruppe)
Waxman, H. (Demokratischer Abgeordneter im Repräsentantenhaus,
  Californien)
Wedemeier, K. (Erster Bürgermeister, Bremen; in der Gruppe mit
  chin. Politikern)
Weinberger, C. (Verteidigungsminister)
Weitzsäcker, R. v. (Bundespräsident)
Willms, D. (Ministerin für Innerdeutsches; in der Gruppe)
Windom, R. (Assistant Secretary Health and Human Services)
Wischnewski, H.-J. (Mitglied des Bundestages)
Wright, J. (Demokratischer Abgeordneter im Repräsentantenhaus,
  Housespeaker)

Zimmermann, F. (Bundesinnenminister; in der Gruppe)

14 Namensregister

Namensregister

15 Sachregister

Sachregister

Sachregister